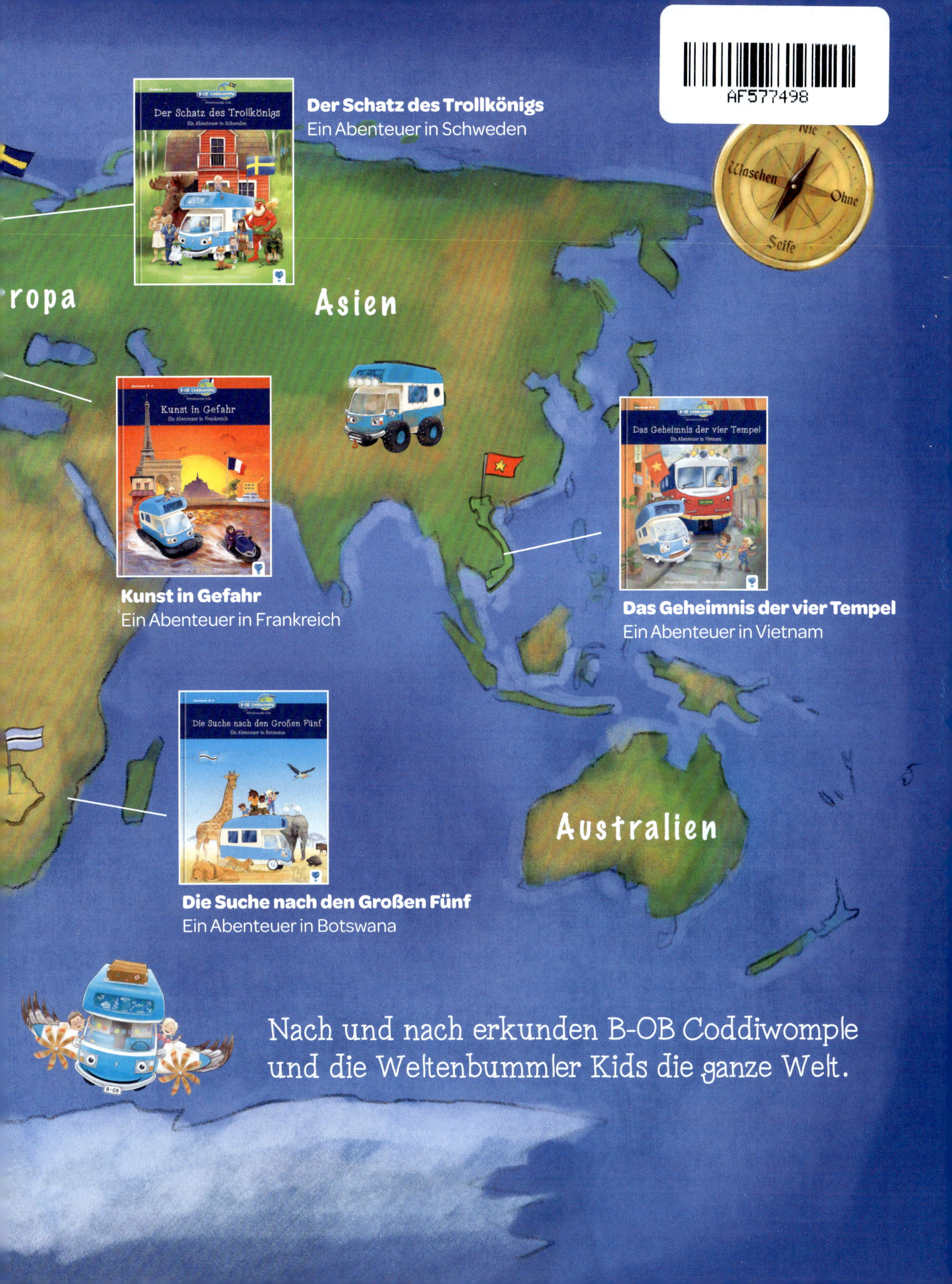

Der Schatz des Trollkönigs
Ein Abenteuer in Schweden

ropa

Asien

Kunst in Gefahr
Ein Abenteuer in Frankreich

Das Geheimnis der vier Tempel
Ein Abenteuer in Vietnam

Die Suche nach den Großen Fünf
Ein Abenteuer in Botswana

Nach und nach erkunden B-OB Coddiwomple und die Weltenbummler Kids die ganze Welt.

Für
Maya, Ella & Finn

Wir wollen, dass die Welt schön bleibt.

Waldneutral

Wir sorgen dafür, dass mehr Bäume gepflanzt werden, als wir für unsere Bücher verbrauchen.

FSC® Siegel

Wir drucken auf FSC® Papier, das aus verantwortungsvoller Waldwirtschaft stammt.

Klimaneutral

Wir drucken in Deutschland und kompensieren den CO2 Ausstoß durch Klimaschutzprojekte.

Plastikverzicht

Wir achten auf Müllvermeidung und verzichten auf Plastikfolie als Verpackung der Bücher.

Weitere Informationen zum Thema *Nachhaltigkeit* findest du auf unserer Homepage: www.weltenbummlerkids.de

B-OB Coddiwomple und die Weltenbummler Kids (Band 8)
„Das Geheimnis der vier Tempel"
- Ein Abenteuer in Vietnam -
Autor: Benjamin Wallenborn / Illustrator: Filip Lazurowicz
ISBN: 978-3-98598-008-6

1. Auflage: November 2024

Lektorat und Korrektorat: Nina Downer, Ursula Bosak, Romy Schneider.
Druck und Bindung: Grafisches Centrum Cuno GmbH & Co. KG, Calbe
Bilder von Anni Beier/Sweet North, Alessia Gilli, Pixabay und privat aufgenommen.

und die

Weltenbummler Kids

to coddiwomple

[ko-di-womm-pell]

(v.) to travel in a purposeful manner towards a vague destination

„Das entschlossene Reisen zu einem noch unbekannten Ziel."

(Frei übersetzt aus dem neuseeländischen Englisch.)

Inhalt

Unsere Weltenbummler

B-OB Coddiwomple

(gesprochen *Bob Koddiwommpel*)

B-OB ist alt ... so richtig alt ... Und B-OB war schon überall. Er hat die ganze Welt gesehen und dabei, egal wo er war, neue Freunde gefunden. B-OB ist die Ruhe selbst und hat guten Rat für jeden, der ihn hören möchte.

Er ist auf jeden Fall kein gewöhnliches Wohnmobil, sondern hat einige Tricks auf Lager. Ob in der Luft, zu Wasser oder in den Bergen, B-OB kommt mit seiner Spezialausrüstung überall zurecht.

Line

Line möchte sein, wie sie ist: spontan und abenteuerlustig. Sie will raus in die Welt und Neues entdecken! Wenn sie mal nicht unterwegs ist, sitzt sie vor ihrer Weltkarte und plant schon die nächste Reise.

Die beste Laune hat Line, wenn sie etwas erleben kann. Wenn sie ihre Eltern und Freunde mit ihrer Rastlosigkeit in den Wahnsinn treibt, ist das nicht so wild, weil Line am Ende ihren Dickkopf mit einer großen Portion Charme eh durchsetzt.

Benni

Benni hatte seine Nase schon immer tief in Büchern stecken. Für ihn besteht die ganze Welt aus wissenswerten Dingen und spannenden Geschichten.

Weil Benni gerne sitzt und liest, ist er nicht immer der Erste, der sich in ein Abenteuer stürzt. Trotzdem ist er niemand, der sich hinter seinen Büchern versteckt, sondern ist schlagfertig und weltoffen. Sein Wissensdrang treibt ihn hinaus, um das Gelesene in der Realität kennenzulernen.

Die Geschichte, wie sich Line, Benni und B-OB kennengelernt haben, kannst du in Band 1 nachlesen oder dir gratis unter www.weltenbummlerkids.de im Bereich 'Downloads' herunterladen.

Diese Hitze!

„Aaaahhh, das tut gut!“, seufzte Line, als sie sich ins Planschbecken sinken ließ. Sie balancierte ihr Eishörnchen in der einen und das randvoll gefüllte Glas Limonade in der anderen Hand und setzte sich in das kühle Wasser.

„Aber echt“, stimmte Benni seiner Freundin zu, während er genüsslich einen riesigen Becher Eis löffelte. „Ich weiß nicht, wann mir zum letzten Mal so heiß war.“ Er rückte das kühle Tuch auf seiner Stirn zurecht und seufzte zufrieden: „Na, immerhin machen wir das Beste draus.“

„Ich wette, hier ist es gerade heißer als irgendwo sonst auf der Welt“, vermutete Line und stibitzte ihrem besten Freund einen Happen Kokosnusseis, Bennis Lieblingssorte.

„Das glaube ich kaum!“, widersprach Benni. „In der Sahara ist es doch bestimmt wärmer."

„Stimmt!", fand nun auch Line. „Oder im Death Valley in Amerika!" Benni fiel noch ein Ort ein: „Bestimmt auch in der Wüste Gobi!" - „Oder in Brasilien!", rief Line. „Da ist es doch auch immer ganz schön heiß!" „Oder in ..."

Eine tiefe Stimme hinter den Freunden unterbrach Benni: „Oder in Vietnam! Und ich kann euch sagen, es ist nicht die Hitze, die einen dort fertig macht, sondern die hohe Luftfeuchtigkeit."

Die Stimme gehörte natürlich zu **B-OB Coddiwomple**, dem weltreisenden Wohnmobil und Freund von Line und Benni. Er hatte den riesigen roten Ventilator seiner Luftkissenboot-Verwandlung ausgeklappt und fächerte den Kindern so Luft zu.

„Vietnam?!", rief Line aufgeregt. „Davon habe ich ja noch nie gehört. Und dass es da heißer ist, glaube ich erst, wenn ich es selbst spüre. Wo liegt das und wann geht es los? Ich trockne mich nur kurz ab, und dann bin ich bereit. Benni, raus aus dem Pool, wir fliegen nach Vietnam!"

Benni blieb seelenruhig sitzen. Er war nicht so leicht zu beeindrucken und das wusste auch Line. „Moment, Moment, von Vietnam habe ich natürlich schon gehört, aber warum sollten wir aus unserer Hitze hier in einen noch größeren Backofen fliegen? Einen, der uns dazu auch noch dämpft?"

„Du musst aber wirklich von jedem unserer Reiseziele erst überzeugt werden, was?", fragte B-OB lachend. Er holte tief Luft: „Hach, Vietnam", seufzte er.

Benni, egal wie heiß es in der Sahara ist: Kein Land der Welt wird dich so ins Schwitzen bringen wie Vietnam. Los, an Bord mit euch! Diese Reise dürft ihr euch nicht entgehen lassen!" Das mächtige **WUUUUSSSCCCHHH** von B-OBs Flügeln wirbelte die Haare der Kinder trocken und schon begann der lange Flug in Richtung Vietnam.

Das freundliche Chaos

„Sag mal, wann fliegen wir denn über das Meer, B-OB?", meckerte Line. „Ich habe schon seit Ewigkeiten keine frische Seeluft mehr geschnuppert. Du meintest doch, das wird ein ganz schön langer Flug."

„Stimmt ja auch!", antwortete B-OB schmunzelnd. „Sogar ein sehr langer. Nur das Meer werden wir nicht zu sehen bekommen. Der Weg, den wir fliegen, ist eine der längsten Strecken, die man auf der Welt zurücklegen kann, ohne ein Meer zu überqueren. Wir fliegen ganz bis in den fernen Osten an die Pazifikküste Asiens. Da liegt Vietnam."

Die Kinder lehnten sich zurück und genossen den entspannten Flug über einige der größten Länder der Welt wie Russland, Kasachstan und China.*

Als sie in *Hanoi*, der Hauptstadt Vietnams, landeten, keuchte Benni: „B-OB, ich weiß, das sagen wir jedes Mal, aber das hier ist wirklich der verrückteste Ort, an den du uns je gebracht hast."

*** Die zehn größten Länder der Welt sind übrigens:**
1. Russland, 2. Kanada, 3. USA, 4. China, 5. Brasilien, 6. Australien, 7. Indien, 8. Argentinien, 9. Kasachstan und 10. Algerien

B-OB war mitten im dichten Verkehr gelandet und fuhr geschickt an den Straßenrand. Die Straße war überfüllt mit Hunderten von Mopeds, Autos und Fahrrädern, die alle wild hupend durcheinander fuhren. Als die Kinder ausstiegen, ächzte Benni: „Oh Gott! Das ist ja hier wirklich viel heißer als bei uns. Und warum ist das Atmen hier so schwer?"

„Oh, das ist die berühmte hohe Luftfeuchtigkeit", kicherte B-OB. „Aber keine Sorge, da gewöhnst du dich schnell dran."

„Schaut mal dort drüben!", rief Line schwitzend und zeigte auf die andere Straßenseite. „Die verkaufen kleine Ventilatoren! Lasst uns schnell rüber und welche besorgen. Sonst verwandele ich mich hier gleich noch in eine Pfütze!"

Die kleine Abenteurerin schaute sich um. „Wo ist denn hier eine Ampel oder ein Zebrastreifen?" B-OB lachte: „Na, die findet man hier eher selten. Du darfst dir nicht zu viele Gedanken machen. Der Verkehr hier ist zwar einerseits völlig unberechenbar, aber andererseits achtet hier jeder auf den anderen. Wenn du dir einfach keine Sorgen machst und Vertrauen hast, kommst du ganz einfach ans Ziel."

Den Kindern blieb nichts anderes übrig, als ihrem erfahrenen Freund zu folgen. Ohne zu lange nach links oder rechts zu schauen, rollte B-OB über die Straße. Wie ein Fischschwarm um ein Hindernis strömten die vielen Mopeds einfach um B-OB und die Kinder herum. So erreichten die drei Freunde unbeschadet die andere Straßenseite. Dort deckten sie sich mit kleinen, tragbaren Ventilatoren und kühlem Eistee ein.

„Aaaahhh, schon besser“, sagte Line erfrischt und schaute sich um. Sie zeigte auf eine kleine Insel im See neben ihnen, auf der ein kleiner Tempel stand, und fragte: „Was ist denn das da für ein schönes Gebäude auf der Insel?“

B-OB erklärte es ihr: „Das ist der *Hoan-Kiem-See*, was so viel bedeutet wie ‚Der See des zurückgegebenen Schwertes‘, und das Gebäude ist die *Pagode der Schildkröte*.* Die ist zu Ehren eines der heiligen Tiere Vietnams gebaut worden: der Schildkröte. Laut der Legende ist dem ersten Herrscher des Landes ein Schwert aus diesem See herausgegeben worden. Nachdem er Vietnam mit dem Schwert von seinen Feinden befreit hatte, kam er hierher, um sich zu bedanken. Da tauchte eine riesige Schildkröte aus dem Wasser auf und nahm das Schwert wieder mit zurück in die Tiefe. Deshalb verehren die Vietnamesen die Schildkröte.“

* **Pagoden** sind turmförmige Gebäude , in denen Menschen beten und Ruhe finden. Sie sind typisch für Asien.

Die Kinder hatten B-OB gebannt zugehört und freuten sich, als er sie nun mit auf eine Rundfahrt durch das aufregende Hanoi nahm. Sie besuchten die Altstadt und das Wasserpuppentheater, fuhren zum Tempel der Literatur und am Mausoleum von Ho-Chi-Minh vorbei.* Als die Sonne schon fast am Horizont verschwunden war, sagte B-OB: „So, jetzt habe ich noch eine ganz besondere Sehenswürdigkeit für euch."

Er bog in eine kleine Seitenstraße ein, die auf beiden Seiten von Restaurants gesäumt war. Das war an sich nichts Besonderes, doch nur wenige Zentimeter neben den Tischen verliefen Eisenbahnschienen. Die Kinder erkundeten sofort die spannende Gasse.

„Hach, wie ungewöhnlich!", rief Benni, während er auf den Schienen balancierte. „Da haben die aber wirklich das Beste aus diesen stillgelegten Bahngleisen gemacht." Plötzlich ertönte ein Hupen hinter den Freunden, das durch Mark und Bein ging. „Stillgelegt?", fragte B-OB. „Wieso stillgelegt? Vorsicht, Benni!"

*** Ho-Chi-Minh** (gesprochen *‚Hoh-Tschih-Minn'*) war ein wichtiger Anführer Vietnams, der das heutige Vietnam gegründet hat.

HOTE
RESTAURANT
DAI PHONG
BAR
BOB

Ein gigantischer rot-blauer Zug rollte hupend auf Benni zu. Das schrille Quietschen seiner metallenen Bremsen auf den Schienen war ohrenbetäubend. Benni hechtete zur Seite, als die Lokomotive genau vor ihm zum Stehen kam. „Welcher Tourist läuft denn hier zur Hauptverkehrszeit einfach auf die Schienen?", donnerte es durch die enge Straße.

B-OB wirkte neben dem riesigen Zug winzig. „*Xin chào* Dai Phong!", rief er etwas kleinlaut.* „Das war wirklich dumm von mir. Ich hätte besser auf meinen Freund aufpassen müssen. Gut, dass du so schnell reagiert und die Bremsen angezogen hast!"

„B-OB?!", rief der Riese überrascht. „Was für eine Überraschung! *Xin chào*! Wie schön, dich zu sehen, alter Freund."

„Das gibt es doch nicht!", rief Benni, der sich von seinem Schreck erholt hatte. „Du kennst ja wirklich jeden!"

B-OB schmunzelte. „Na, mein alter Freund Phong ist ja wirklich nicht zu übersehen. Er hat mir damals bei meinen Reisen durch Vietnam das Land gezeigt. Phong ist ein exzellenter Reiseführer!", erklärte er und stellte seinen alten Freund Line und Benni vor.

Phong wollte gerade die Kinder begrüßen, als eine aufgebrachte Stimme neben ihm ertönte: „Was ist denn passiert? Etwa ein Unfall? Auch das noch! Als ob wir nicht schon genug Probleme hätten." Ein Mädchen, im selben Alter wie Line und Benni, rannte an dem langen Zug entlang, um nach dem Rechten zu sehen.

Phong beruhigte das Mädchen: „Nein, nein, es ist alles in Ordnung. Wir können sofort weiterfahren. Ich bin nur beinahe mit meinem alten Freund B-OB zusammengestoßen."

Er wandte sich an die Freunde und stellte ihnen das Mädchen vor: „Das ist meine Freundin Nga.** Sie fährt in den Schulferien immer mit mir durchs Land."

* **Xin chào** (gesprochen ‚*Sin Tschao*') bedeutet „Hallo" oder „Guten Tag".
Dai Phong (gesprochen ‚*Dai Fong*'). In Vietnam wird der Rufname zuletzt genannt. Du kannst ihn also ruhig Phong nennen.

** **Nga** (gesprochen ‚*Nah*')

„Das stimmt“, unterbrach Nga ihren riesigen Freund. „Aber jetzt gerade haben wir wirklich keine Zeit zu reden, Phong“, sagte das Mädchen ungeduldig. Sie wandte sich an die Freunde: „Ihr müsst wissen, wir haben gerade ein gewaltiges Problem. Wir haben kostbare Kunstwerke in einem Sicherheitswagon transportiert, aber auf dem Weg nach Hanoi sind wir ausgeraubt worden. Die Schätze sind spurlos verschwunden!“

Nga fuchtelte aufgeregt mit den Armen. „Ich weiß nicht, was wir machen sollen. Phong und ich haben diese Reise so genau geplant. Wir haben an keiner unvorhergesehenen Haltestelle angehalten. Was passiert denn jetzt mit uns? Und ...", ratterte das Mädchen immer weiter ihre Sorgen herunter.

„... und wir werden sicherlich herausfinden, was passiert ist, und die Schätze wiederfinden“, unterbrach Phong seine Freundin mit seiner ruhigen Stimme. Er erklärte Line, Benni und B-OB: „Nga ist eine unglaublich zuverlässige Person. Sie hasst es, wenn Dinge nicht so laufen, wie sie sollen, und macht sich viele Sorgen darüber, was alles schiefgehen könnte.

Benni hatte Verständnis für das Mädchen. „Oh, glaub mir, Nga, ich will auch immer am liebsten genau wissen, was als Nächstes passiert“, sagte er. „Aber wir haben schon so manche vermissten Schätze und Personen gefunden.* Wenn du magst, helfen wir euch gerne!“

B-OB stimmte seinem kleinen Kumpel sofort zu. „Aber klar! Phong, was meinst du? Könnt ihr unsere Hilfe gebrauchen?“

„Unbedingt!“, donnerte der gewaltige Zug. „Nach unseren gemeinsamen Abenteuern damals weiß ich ja, was für ein Action-Held du bist. Wir fahren gleich in den Hauptbahnhof von Hanoi ein. Dort werden wir schon händeringend vom Museumsdirektor erwartet. Folgt uns doch, dann untersuchen wir den Tatort gemeinsam.“

* Sicher meint Benni die Abenteuer in Schweden und Frankreich. Nachlesen kannst du das in Band 2 *Der Schatz des Trollkönigs* oder in Band 4 *Kunst in Gefahr*.

Die vier heiligen Tiere

Kaum waren die Freunde in den Bahnhof eingefahren, wurden sie von Menschen umzingelt. Polizisten, Reporter, Bahnbeamte - alle wollten wissen, was passiert war. Ein Mann in einem feinen Anzug und gelockten Haaren war besonders laut. „Wie konnte das nur passieren?!", rief er. „Diese Kunstwerke sind von unschätzbarem Wert. Sie gehören in die besten Museen der Welt und nicht in die Hände eines schmutzigen Diebes!"

Phong erklärte B-OB und den Kindern: „Das da ist Gaston Grantête.* Er ist der Direktor des wichtigsten Museums in ganz Frankreich. Er wollte die Kunstwerke von *Saigon*, im Süden Vietnams, über Hanoi nach Paris bringen lassen."

Der Mann lächelte Nga ölig an: „Meine kleine Mademoiselle, Sie werden sicherlich verstehen, dass wir erfahren müssen, wie diese Schätze verschwinden konnten. Es ist von außerordentlicher Wichtigkeit, dass wir die Verantwortlichen fangen und zur Rechenschaft ziehen! Die Schätze der vier heiligen Tiere Vietnams müssen in ein Museum, wo sie hingehören."

„Die vier heiligen Tiere?", fragte Benni. „So wie die Schildkröte?"

Gaston blickte überrascht zu den Freunden. „Ich weiß zwar nicht, wer Sie sind oder was Sie darstellen sollen, aber ja, genau diese heiligen Tiere. Die Statue der Schildkröte ist unter anderem auch verschwunden."

Phong erklärte den Kindern, was für Schätze überhaupt gestohlen worden waren: „In Vietnam gibt es vier Tiere, die besonders verehrt werden. Der Legende nach hat ein Kloster vor Hunderten von Jahren für jedes dieser Tiere ein Kunstwerk geschaffen und in vier geheimen Tempeln im ganzen Land verteilt."

* **Gaston Grantête** (gesprochen *‚Gasstoh Grohtätt'*)

Nga fuhr fort: „Die Schildkröte kennt ihr ja schon. Sie wird für ihre Weisheit und Zuverlässigkeit verehrt. Ihr wurde eine Statue aus reinem Jade gefertigt.

Der Drache steht für Macht und Wohlstand. Ihm wurde eine wertvolle Trommel gewidmet. Der Phoenix repräsentiert Frieden und Schönheit. Ihm zu Ehren wurde ein Gedicht auf feinste Seide geschrieben. Die Seidenrolle ist von unschätzbarem Wert.

Und schließlich gibt es noch das Einhorn, das Güte und Wohlwollen bringt. Für das Einhorn wurde ein Gemälde auf kostbarem vietnamesischem Porzellan gemalt. Diese Tiere sind den Menschen in Vietnam so wichtig, dass sie in ihren Häusern sogar kleine Tempel mit Statuen der Tiere aufstellen."

„Ja, ja, ja! Jetzt haben wir aber genug über bauernhaften Aberglauben geschwätzt!", unterbrach der Museumsdirektor das Mädchen unfreundlich. „Wichtig ist, dass wir die Schätze wiederfinden! Sie müssen der Weltöffentlichkeit zur Verfügung gestellt werden."

Line war sich zwar nicht ganz sicher, warum die Tiere nicht einfach in Vietnam bleiben konnten, wo sie hingehörten, aber hilfsbereit fragte sie: „Wie wäre es, wenn wir mal den Tatort untersuchen?"

„Ah! Endlich ein sinnvoller Vorschlag. Meine Herrschaften, mir nach!", rief Gaston und führte die Freunde in den Sicherheitswagon, aus dem die Kunstwerke gestohlen worden waren.

Auf den ersten Blick wies nichts auf einen Einbruch hin. Das Schloss war unbeschädigt und die Gitter fest im Fenster verschraubt. Auch die Vitrinen, in denen die Schätze aufbewahrt worden waren, schienen unberührt. Nur von den Schätzen selbst fehlte jede Spur.

Die Freunde untersuchten erfolglos jeden Winkel des Wagons, als ein Sicherheitsbeamter angerannt kam und sich an Gaston wandte: „Herr Grantête, wir haben gerade die Aufnahmen der Überwachungskamera erhalten." Er überreichte Gaston einen Computer, auf dem ein unscharfes Video lief. Zu sehen war das Innere des Wagons, in dem sie standen.

Einige Zeit waren nur die Schätze zu sehen, die während der Fahrt monoton hin und her wackelten. Doch plötzlich öffnete sich die Tür des Wagons für eine Sekunde. Eine dunkle Gestalt huschte von Vitrine zu Vitrine, sammelte blitzschnell die Kunstwerke ein und verschwand so schnell, wie sie gekommen war.

Die Freunde trauten ihren Augen kaum. „Wie kann das sein?", rief Gaston. „Wie kann so ein einfacher Dieb, mitten während der Fahrt, seelenruhig die Türe öffnen und meine Schätze stehlen? Ich verlange eine Erklärung!"

Nga sah betreten zu Boden. „Leider können wir es nicht erklären", sagte sie leise. „Wir haben ja nicht mal die leiseste Ahnung, wer der Dieb sein könnte und wohin er verschwunden ist."

„Da wäre ich mir nicht so sicher", ertönte Bennis Stimme aus einer Ecke des Wagons. Er hielt ein kleines halbiertes Bambusrohr hoch. „Könnte das hier vielleicht ein Hinweis sein? Das ist das Einzige, was hier nicht hingehört."

Gaston schnaubte: „Was soll uns denn dieses Stück Abfall bringen? Wir brauchen Hinweise auf den Dieb!"

Er nahm Benni das kleine Rohr ab und wollte es gerade wegwerfen, als Nga ihn unterbrach: „Moment! Der Wagon wurde vor der Abreise genauestens untersucht. Hier würde nichts zufällig in der Gegend herumliegen."

Sie nahm dem Museumsdirektor das kleine Stück Bambus ab. „Genau wie ich es mir gedacht habe“, murmelte sie. „Hier kleben noch Reiskörner am Bambus. Das Rohr wurde zur Zubereitung von *Com Lam* - klebrigem Bambusreis - verwendet. Der ist eine Spezialität aus *Sa Pa*, ganz weit im Norden von Vietnam.“

Nachdenklich liefen die Freunde wieder zu Phong, der Lokomotive des Zuges. „Na, besonders viele Hinweise haben wir nicht, aber vielleicht wäre ein Abstecher nach Sa Pa ein Anfang, um den geheimnisvollen Dieb zu finden“, brummte B-OB.

„Mir ist völlig egal, was Sie tun!“, rief Gaston. „Hauptsache, ich bekomme die Schätze wieder und kann sie ins Museum nach Paris bringen, wo sie hingehören. Ich werde sofort die Sicherheitskräfte verständigen, sie sollen sich umgehend auf den Weg machen. Und ich persönlich werde die Suche anführen.“

„Nein!“, donnerte Phong. „Wir sind dafür verantwortlich, dass die Schätze verschwunden sind, also werden wir sie auch zurückholen!“ Nga hegte Zweifel an Phongs Plan. „Ich weiß ja nicht“, warf sie ein, „was sollen wir denn gegen so einen geschickten Dieb ausrichten? Du magst ein großer Abenteurer sein, aber die Schienen gehen ja noch nicht einmal bis nach Sa Pa. Herr Grantête und ich wären völlig auf uns allein gestellt.“

Auf diesen berechtigten Einwand hatte der große Zug keine Antwort. Stattdessen hatte B-OB einen Vorschlag: „Wie wäre es, wenn wir mitkämen?“, fragte er. „Wir fahren mit Phong Richtung Sa Pa und machen uns abseits der Gleise auf die Suche nach dem Dieb.“

„Nun, werte Damen und Herren, ich möchte nicht drängeln“, drängelte sich Gaston dazwischen, „aber es eilt. Wollen wir diesen Dieb nun fangen oder nicht?“

Nga musste nicht mehr lange überlegen. „Ihr habt ja recht“, seufzte sie. „Und ich will unbedingt unseren Fehler wiedergutmachen und die Schätze der heiligen vier Tiere zurückbringen.“

B-OB und Phong standen in den Startlöchern. „Dann mal los!“, rief das weltreisende Wohnmobil und entfaltete seine Flügel mit dem mächtigen **WUUUUSSSCCCHHH**. Auch der riesige Phong setzte sich schnaubend in Bewegung. Ihre gemeinsame Reise durch Vietnam hatte begonnen.

Wettervorhersage: Nebel mit Gondelgefahr

Die Freunde schauten staunend aus dem Zugfenster auf den neben ihnen herfliegenden B-OB. Sonst waren sie natürlich immer am liebsten Passagiere ihres Freundes, aber auf dieser Fahrt wollten sie es sich nicht entgehen lassen, das Panorama aus dem Zug heraus zu bewundern. Außerdem hatte Nga ihnen eine kleine Überraschung als Verpflegung mit an Bord gebracht.

„Boah!", schmatzte Line mit vollem Mund, während ihr etwas Soße übers Kinn lief. „Das sind vermutlich die leckersten Brote, die ich je probiert habe. Wie heißen die nochmal?"

„Das sind *Banh Mi*", erklärte Nga.* „Eigentlich sind das einfach nur Baguettes, aber sie werden mit frischem Gemüse oder Fleisch belegt. Die kriegt man hier an jeder Straßenecke, und alle Verkäufer haben ihr eigenes Geheimrezept für die leckeren Soßen."

„Gibt es eigentlich etwas Besonderes in Sa Pa?", fragte Benni. "Ja", schwärmte Nga mit strahlenden Augen. „Sa Pa liegt hoch in den Bergen im Norden Vietnams. Das Wetter ist

*** Banh Mi** (gesprochen *‚Bann Mih'*)

dort völlig anders als im Rest des Landes. Die Luft ist viel frischer und es ist das ganze Jahr über angenehm kühl. Menschen aus aller Welt kommen dorthin, um die Berge, Dörfer und wunderschönen Reisfelder zu sehen."

Phongs Räder quietschten auf den Schienen, als er anhielt. „Endstation *Lao Cai*!", rief er. „Weiter komme ich nicht. Das letzte Stück nach Sa Pa muss B-OB euch mitnehmen."

Das alte Wohnmobil landete sanft auf dem Bahnsteig. „Das wird eine schwere Aufgabe. Wir wissen ja gar nicht, wo genau wir anfangen sollen", grummelte B-OB. „Am besten, wir fliegen in das *Muong-Hoa-Tal*, das vor Sa Pa liegt, und versuchen, uns einen Überblick zu verschaffen."

Die Freunde und Gaston winkten Phong zum Abschied, als B-OB mit den Flügeln schlug und wieder in den Himmel stieg. Schon bald überquerten sie die grünsten Berge, die sie sich vorstellen konnten. „Was sind das denn da für Wellen in den Felsen?", rief Benni. „Die sind ja schön!"

Nga erklärte es ihm: „Das sind Reisterrassen. Entlang der Berge um Sa Pa herum wird Reis angebaut. Der braucht ganz viel Wasser, um zu wachsen. Durch diese Terrassen kann der ganze Regen hier den Berg hinunterfließen, aber es bleibt immer genügend Wasser für den Reis auf jeder Stufe."

„Ganz schön schlau, was?", rief B-OB seinen Freunden zu. „Und wo wir gerade von Regen sprechen, dort vorne ziehen ganz schön dunkle Wolken auf. Hier im Norden herrscht gerade Regenzeit und das Wetter kann sich innerhalb von Minuten verändern."

Tatsächlich. Obwohl sie im schönsten Sonnenschein über das Tal flogen, war es, als ob eine Lawine dunkler Wolken die Berge hinunterrollte.

Hatte eben noch die Sonne die Gesichter der Freunde gewärmt, prasselten nun dicke Regentropfen auf B-OBs Windschutzscheibe. Die Aussicht, die eines Postkartenmotivs würdig war, wich dichten Wolken.

„Puh, das ist ja, als würde man durch Zuckerwatte fliegen!", rief B-OB seinen Freunden zu, während er versuchte aus dem Nebel herauszusteuern. „Erstens finden wir so niemals den Dieb, und zweitens ist es nicht ganz ungefährlich, hier blind durch die Gegend zu fliegen."

Wie auf Kommando schob sich ein gewaltiger Schatten auf die Freunde zu. „B-OB! Pass auf!", schrie Line. „Da fliegt ein Flugzeug auf uns zu!"

B-OB tauchte zur Seite und konnte dem Schatten gerade noch ausweichen, bevor es zu einem Verkehrsunfall in den Wolken kommen konnte.

„Wie kann denn dieser Flieger hier so ruhig heruntergleiten?", rief Benni. Und dann: „Vorsicht! Da kommt direkt der nächste Schatten auf uns zugerast!"

B-OB setzte zum Sturzflug an, um dem heranfliegenden Objekt auszuweichen. „He, das ist ja gar kein Flugzeug!", rief Benni und zeigte auf einen roten Kasten, der sich durch die Wolken schob. „Das ist doch eine Gondel!"

„Na klar!", rief B-OB. „Wie konnte ich das vergessen? Das muss die *Fansipan*-Seilbahn sein. Die ist erst seit wenigen Jahren in Betrieb und führt hinauf auf den höchsten Berg Vietnams, den *Fansipan*. Wir halten besser etwas Abstand."

B-OB segelte vorsichtig tiefer ins Tal hinab. „Da, seht nur!", rief Line und zeigte unter sich. „Es sieht so aus, als ob dort schon das nächste Abenteuer auf uns wartet!"

B-OB schwebte nun über einem kleinen Dorf mitten im Muong-Hoa-Tal. Der plötzliche Starkregen hatte die Straßen in einen reißenden Fluss verwandelt. Auf der einen Straßenseite stand eine große Menschenmenge und versuchte, einer Gruppe bunt gekleideter Touristen zu helfen, die von den schnell anschwellenden Wassermassen immer mehr in Bedrängnis gebracht wurden.

B-OB landete bei den Helfern. Die Dorfbewohner schafften es nach und nach, immer mehr Seile an das andere Ufer des Stromes zu werfen. Die Strömung war für die Touristen jedoch noch immer zu stark. „Ich glaube nicht, dass wir es schaffen, uns bei den Wassermassen an dem Seil festzuhalten und uns dabei gleichzeitig ans andere Ufer zu ziehen", schrie einer der Wanderer, so laut er konnte.

„He ihr!", rief jemand ihnen zu. Eine junge Frau lief energisch auf die Freunde zu. „Ihr kommt wie gerufen! Mein Name ist Dzung. Ich organisiere gerade die Rettung der Touristen." Sie zeigte auf B-OB, der noch immer seine Flügel ausgebreitet hatte. „Du scheinst mir vielseitig einsetzbar. Mir nach." „Nein", schrie Gaston, „wir verlieren zu viel Zeit. Was ist mit meinen Schätzen?"

Doch Dzung ignorierte ihn, zeigte auf das andere Ufer und fragte: „Könntest du da nicht einfach rüberfliegen und die Touristen retten?" „Das wird leider nicht ganz so leicht", rief B-OB zurück. „Ich müsste irgendwo sicher landen können, aber hier ist überall tiefer Schlamm."*

* Diese Erfahrung hat B-OB ja schon in Frankreich am Mont-Saint-Michel machen müssen. Nachlesen kannst du das in Band 4 *Kunst in Gefahr*.

„Könnten wir die da nicht als Gondeln an dich festbinden und herablassen?", fragte Benni und zeigte auf einige Körbe, die von den Bauern des Ortes genutzt wurden, um die Reisernte zu transportieren.

„Benni, du bist echt genial!", rief B-OB. Dzung versammelte einige Dorfbewohner und gemeinsam befestigten sie die Körbe mit langen Seilen an B-OBs Unterseite. Als sie fertig waren, flog B-OB wie ein Rettungshubschrauber zur anderen Seite des Ufers. Dort schwebte er vorsichtig über den Köpfen der Touristen und ließ sie einsteigen. Tapfer kauerten sie sich in die riesigen Körbe und flogen mit B-OB in Sicherheit.

Während die Freunde und die Dorfbewohner mit vereinten Kräften den Touristen aus den Körben halfen, schaute Nga durch den Starkregen. Einer der Retter kam ihr sehr bekannt vor. „He, Moment mal", rief sie den anderen zu und zeigte auf eine Person, die durch den Regen nur als Umriss erkennbar war. „Dieser Helfer da mit dem Hut, sieht der nicht genauso aus wie der Schatten, der auf den Aufnahmen der Sicherheitskamera zu sehen war?"

Die Freunde schauten durch die Wassermassen und sahen eine schmale Person mit einem typischen Reisbauernhut auf dem Kopf, die gerade dabei war, einen jungen Mann aus dem Matsch zu ziehen. Als die Köpfe der Freunde sich gleichzeitig zu ihr drehten, schien die schattenhafte Gestalt Verdacht zu schöpfen. Sie zog den Touristen noch mit einem letzten Ruck auf festen Boden und rannte dann zur Hauptstraße. Bevor sie darüber nachdenken konnten, die Verfolgung aufzunehmen, war der Schatten schon in einen abfahrenden Bus gesprungen und fuhr davon.

„Das war bestimmt der Dieb!", rief Nga über den Regen hinweg. „Warum sonst sollte jemand so schnell das Weite suchen? Wir müssen dem Bus folgen!"

In Windeseile verabschiedeten sich die Freunde von Dzung, hüpften in B-OB und nahmen die Verfolgung auf.

Das beste Geheimversteck

B-OB flog hoch über dem grünen Vietnam. Stundenlang folgten sie nun schon dem Reisebus. „Ich wünschte, wir hätten Phong mitnehmen können", seufzte Nga. „Ich auch", brummte B-OB. „Aber er hätte uns so schnell gar nicht folgen können. Wir haben ihm ja über Funk Bescheid gegeben. Sobald wir wissen, wo wir hinfliegen, treffen wir uns wieder."

„Seht mal dort vorne!", rief Line und zeigte in die Ferne. „Da ist ja das Meer! Was sind denn die vielen Flecken an der Küste da?", fragte sie und deutete auf Hügel, die wie Zuckerhüte aus dem Wasser ragten. Als B-OB näher heranflog, erkannten sie, dass es kleine Inseln waren, die aus dem türkisfarbenen Meer emporragten. Sie waren mit Pflanzen bedeckt und sahen märchenhaft aus.

„Das ist die *Ha Long* Bucht, einer der schönsten Orte der Welt", erklärte B-OB. „Sie ist sogar so besonders, dass sie als Weltnaturerbe geschützt wird. Hier gibt es viele Höhlen und Buchten, die nur darauf warten, erkundet zu werden. Menschen aus aller Welt kommen in die Ha Long Bucht, um Boot zu fahren, zu schwimmen und die atemberaubende Landschaft zu genießen."

„Da vorne!", rief Benni und zeigte unter sich. „Der Bus scheint anzukommen." In der Tat bog der Bus gerade in den Hafen des Ortes ein. Von hier legten unzählige Touristen-Boote in allen Größen und Formen ab, um Ausflüge in die Ha Long Bucht zu machen.

B-OB landete mitten im Touristengewimmel des Hafens, aber so sehr die Freunde sich auch bemühten, den Bus mit dem Dieb zu erreichen, sie kamen einfach zu langsam durch das Durcheinander von Koffern, Menschen und Bussen.

Als sie schließlich an der Hafenkante ankamen, rief Line: „Mist! Jetzt ist uns dieser miese Kerl schon wieder durch die Lappen gegangen!" Sie zeigte auf ein kleines Fischerboot, das den Dieb außer Reichweite in Richtung Ha Long Bucht trug. „Schnell, B-OB!", rief Benni. „Puste dein Luftkissen auf. Dann holen wir ihn bestimmt noch ein!"

B-OB zögerte. „Ich befürchte, wir brauchen einen erfahrenen Führer. Die Bucht ist wie ein Labyrinth. Zwischen den ganzen Inseln und ihren Höhlen kann man sich schneller verirren, als einem lieb ist."

„Kann man euch vielleicht helfen?", ertönte eine Stimme hinter ihnen. Ein freundlicher junger Mann gesellte sich zu den Freunden. „Ich habe gerade gehört, dass ihr jemanden sucht, der sich hier auskennt. Ich bin Kai und biete euch sehr gern meine Dienste an."
B-OB erklärte, dass sie nicht als Touristen in der Ha Long Bucht waren, sondern auf einer wichtigen Mission.

„Wenn das so ist, steht euch mein Boot selbstverständlich zur Verfügung. Wir können sofort ablegen." Er führte B-OB, Gaston und die Kinder zu einem kleinen bunten Schiff. Sie legten ab und tuckerten in die magische Welt der Ha Long Bucht hinein.

Line und Benni bestaunten mit offenen Mündern die Landschaft, die sich vor ihnen auftat. „Das ist ja wirklich wie auf einem fremden Planeten hier!", sagte Benni. Vor ihnen, hinter ihnen und um sie herum taten sich kleine, steile Inseln auf, die wie grüne Sahnehäubchen aus dem türkisfarbenen Meer ragten. „Ja, es gibt Orte, die scheinen nicht von dieser Welt", sagte B-OB und freute sich über die staunenden Gesichter seiner jungen Freunde.

„Schön und gut. Wir sind hier aber nicht auf einer Erholungsfahrt, sondern auf einer Rettungsmission für meine Kunstwerke!", unterbrach sie der ungeduldig hin- und herlaufende Gaston.

B-OB beruhigte den Museumsdirektor. „Natürlich, natürlich", brummte er. „Aber wie Sie sehen, ist es nicht so leicht, zwischen all den vielen Inseln ein einzelnes kleines Fischerboot zu finden. Und wenn es sich dann noch in einer der tausenden Höhlen versteckt, weiß ich erst recht nicht, wie wir es anstellen sollen, den Dieb hier zu fangen."

Genau in diesem Moment rief Line: „He! Ist das nicht das kleine Fischerboot, mit dem der Dieb sich aus dem Staub gemacht hat?", und zeigte in die Ferne. Tatsächlich ankerte in einer kleinen Bucht das Boot, das sie suchten. Kapitän Kai hielt ein Fernglas an seine Augen. „Hm, es sieht so aus, als ob jemand ein Kajak ins Wasser lässt, aber seht selbst", sagte er und reichte das Fernglas an Gaston weiter.

„Tatsächlich!", rief der. „Jetzt haben wir diesen Banditen in der Falle. Aber Moment! Was macht er denn da?!" Aus der Ferne beobachteten die Freunde, wie der Dieb sein Kajak geschickt auf die Insel zusteuerte und plötzlich verschwunden war.

„Was ist denn jetzt passiert?", fragte Line und nahm Gaston das Fernglas aus der Hand. „Er war doch gerade noch da. Wo ist er hin?"

Kai, der das Geschehen mitbeobachtet hatte, sagte: „Vermutlich ist er in einer der kleinen Höhlen, die unter die Insel führen, verschwunden. Dorthin können wir ihm leider nicht folgen." „Was?!", rief Gaston erbost. „Wofür werden Sie denn bezahlt, Mann!? Lenken Sie Ihre Nussschale gefälligst an diese Pirateninsel heran!"

„Kai hat recht. Weder sein Boot noch ich können in diese engen Tunnel hinein. Aber wir müssen dem Dieb folgen. Nicht, dass er die Schätze in einer geheimen Höhle versteckt."

„Ich habe einige Kajaks für Ausflüge an Bord. Wir könnten zusammen die Verfolgung aufnehmen, während B-OB beim Boot bleibt", sagte Kai. „Ich bitte Sie!", empörte sich Gaston. „Man kann von einem Mann der Künste und Wissenschaften wie mir nicht erwarten, dass er sich die Hände derart schmutzig macht! Ich bleibe hier!"

Die drei Kinder waren bei dem Plan sofort dabei. Kai ließ vier Kajaks ins Wasser und führte die Kinder zu dem versteckten Höhleneingang.

Als die Freunde an die Stelle kamen, an der der Dieb verschwunden war, zeigte Nga auf einen niedrigen Spalt im Felsen. „Da, das muss der Eingang zur Höhle sein", sagte sie und brachte ihr Kajak näher an die Insel heran.

Kai schaute in die dunkle Öffnung hinein. „Ich halte es für eine schlechte Idee, einfach so in eine dunkle, unbekannte Höhle zu paddeln", sagte er. „Wartet hier. Ich hole vom Schiff schnell ein paar Taschenlampen." Bevor die Kinder antworten konnten, paddelte er so schnell er konnte wieder zurück zum Boot.

„Aber was machen wir, wenn uns dieser Dieb jetzt entwischt?", fragte Nga besorgt.

„Das dürfen wir auf gar keinen Fall zulassen!", rief Line. „So dunkel wird es da drinnen schon nicht sein. Kai kann uns ja gleich einholen. Kommt, wir stürzen uns ins Abenteuer!" Ohne zu zögern, paddelte Line in die Höhle hinein. Benni und Nga schauten einander besorgt an, doch da sie ihre Freundin nicht allein lassen wollten, folgten sie ihr zögerlich.

„Puh. Das ist aber wirklich ganz schön dunkel hier", stellte Benni fest, nachdem er in die Höhle gepaddelt war. „Sieht hier irgendjemand irgendetwas?"

Ngas Stimme ertönte in der Dunkelheit. „Nein, fast nichts, aber spürt ihr, wie die Kajaks sich bewegen, ohne dass man paddelt? Ich habe das Gefühl, hier herrscht eine ganz schön starke Strömung. Vielleicht sollten wir erstmal wieder herauspaddeln und auf Kai warten."

Sogar Line stimmte dem Plan zu, doch es war einfacher gesagt als getan. „Das ist zwar eine gute Idee, aber versucht mal zu wenden. Die Strömung lässt mich nicht zurückpaddeln!" Immer verzweifelter kämpften die Freunde gegen die Flut an, bis Line plötzlich rief: „Achtung! Seht euch diese Schatten an! Wir treiben immer tiefer in die Höhle hinein, direkt auf Stalaktiten oder Stalagmiten zu – ich kann mir nie merken, was was ist!"*

Die Freunde gaben ihr Bestes, um ihre Kajaks unter Kontrolle zu bringen. Geschickt paddelten sie im Slalom um die Steinspitzen. „Dort vorne!", rief Nga. „Da wird es heller!" Tatsächlich schien die Höhle einen weiteren Ausgang zu haben. Angetrieben von der Strömung lenkten sie ihre Kajaks auf das Licht zu, als sie einen spitzen Schrei und ein Platschen hörten.

„Geht es euch gut?", rief Benni besorgt. Line antwortete ihm: „Ja, uns ist nichts passiert. Könnte das der Dieb gewesen sein?"

So gut es bei der Strömung nur ging, suchten die Freunde nach jemandem im Wasser. „Hilfe!", klang plötzlich eine helle Stimme durch die Dunkelheit. „Bitte helft mir, ich bin gekentert und die Strömung drückt mich gegen die Höhlenwand."

* Stalaktiten hängen von der Decke, Stalakmiten "wachsen" aus dem Boden.

Geschickt ließen sich die drei Freunde zu der Stimme treiben. Schnell fanden sie die dunkle Gestalt im Wasser, die sich an dem umgedrehten Kajak festklammerte. Line riss die Augen auf! „Du bist ja gar kein Dieb!", rief sie. „Du bist ja eine Diebin!"

Tatsächlich trieb vor ihnen gar kein finsterer Bandit, sondern eine junge Frau, die sie nun ängstlich und durchnässt anblickte. Selbst im Sturz hatte sie es geschafft, ihren Reisbauernhut auf dem Kopf zu behalten. Nasse Strähnen ihrer schwarzen Haare klebten ihr im Gesicht. Mit Mühe hielt sie sich über Wasser. „Bitte, helft mir in die Lagune", sagte sie. „Dann erkläre ich euch, warum ich vor euch auf der Flucht bin."

Das ließen sich die Freunde nicht zweimal sagen. Line bot der Frau das Heck ihres Kajaks an, sodass sie sich aus der dunklen Höhle herausziehen lassen konnte. Nga führte die Karawane in Richtung Höhlenausgang an.

Nach kurzer Zeit schafften es die Freunde ins Freie. „Wow, na das nenne ich mal ein Geheimversteck!", staunte Line. Mitten in der Insel lag ein See. Ringsum türmten sich grünbewachsene Felswände auf.

„Schaut mal dort vorne. Da können wir uns ausruhen!", rief Benni und zeigte auf einen kleinen Strand gegenüber dem Höhleneingang.

Das Geheimnis der vier Tempel

Als die Freunde sich dem Ufer näherten, merkten sie, dass die Lagune nicht ganz so verlassen war, wie sie dachten. Eine kleine Pagode stand mitten am Strand der Bucht. Sie bestand nur aus einem überdachten Altar. Zwei Säulen, um die sich goldene Drachenfiguren wanden, säumten den Eingang.

Nga, Line und Benni ließen ihre Kajaks im Sand zurück und näherten sich staunend dem kleinen Tempel.

„Das ist der Drachentempel", erklang hinter ihnen die Stimme der Diebin. „Na, der ist aber nicht besonders leicht erreichbar", erwiderte Line.

Die junge Frau zuckte mit den Schultern. „Das ist ja auch der Sinn der Sache. Der Tempel ist der rechtmäßige Aufbewahrungsort der Drachentrommel."

Nga fiel wieder ein, warum sie der Diebin überhaupt auf den Fersen waren. „Das können Sie in Hanoi den Sicherheitskräften der Eisenbahn erzählen", schimpfte sie. „Sie haben einfach unsere Kunstwerke gestohlen. Wissen Sie, was für einen Ärger Sie meinem Freund Phong und mir eingebrockt haben?", rief sie erbost.

Die Diebin runzelte die Stirn. „Es tut mir wirklich leid, wenn ihr wegen mir Ärger hattet, aber ‚eure Kunstwerke'?", fragte sie. „Wisst ihr denn nicht, warum es so wichtig ist, dass diese Schätze zu ihren Heimattempeln gebracht und so über ganz Vietnam verteilt werden? Wie soll denn sonst Gleichgewicht im Land hergestellt werden?"

„Gleichgewicht? Heimattempel? Könntest du uns das bitte erklären?", frage Benni verdutzt.

„Vielleicht sollte ich mich zunächst mal vorstellen“, erwiderte die junge Frau. „Mein Name ist Thao Anh. Ich bin Meisterschülerin der Tempel der vier heiligen Tiere. Wir glauben, dass, um Vietnam im Gleichgewicht zu halten, die Schätze der vier heiligen Tiere in ihren Tempeln im ganzen Land verteilt sein müssen. Auf keinen Fall sollte ihre Energie an nur einem Ort gebündelt sein und erst recht dürfen die Kunstwerke Vietnam nicht verlassen. Als meine Meisterinnen erfuhren, dass die Schätze bewegt werden sollen, haben sie mich damit beauftragt, sie zurückzuholen und zu den vier geheimen Tempeln zu bringen.“

Benni unterbrach Thao Anh: „Aber wieso sind die Tempel denn verteilt? Ich dachte, die Tiere werden im ganzen Land verehrt.“

„Ja, natürlich“, erklärte die junge Frau, „aber trotzdem gibt es Regionen, in denen sie zu Hause sind. Der Phönix zum Beispiel gilt als Schutzherr der Berge. Deshalb war meine erste Mission, seine seidene Schriftrolle nach Sa Pa zu bringen. Der Frieden, für den der Phönix steht, ist der Ausgleich zur Macht des Drachen.“

Der Phönix

„Ach, und deshalb sind wir bestimmt hier, oder?“, fragte Line. „Lass mich raten, der Drache gehört ans Meer!“

„Genau!“, sagte Thao Anh lächelnd. „Wenn du dir die Drachen hier an den Säulen ansiehst, wirst du sehen, dass sie einen Schlangenkörper haben. Das liegt daran, dass der Drache hier in Vietnam als Beschützer der Meere gilt."

Line wurde immer neugieriger. „Das ist aber spannend. Wohin gehören denn das Einhorn und die Schildkröte?“

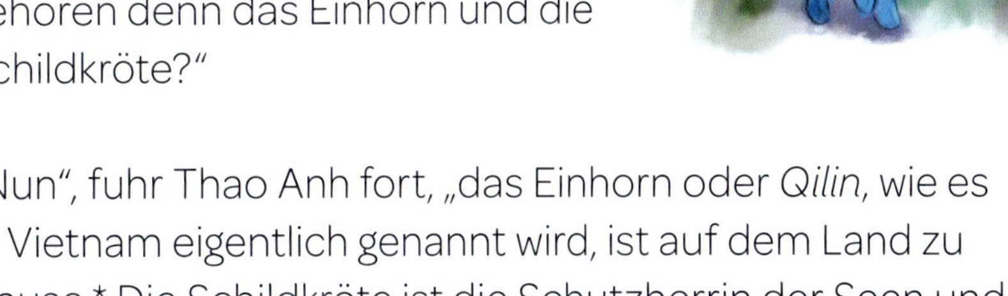

„Nun“, fuhr Thao Anh fort, „das Einhorn oder *Qilin*, wie es in Vietnam eigentlich genannt wird, ist auf dem Land zu Hause.* Die Schildkröte ist die Schutzherrin der Seen und Flüsse.“

Ein Schatten, der nichts mit ihrem großen Hut zu tun hatte, kam über Thao Anhs Gesicht.

*** Qilin** (gesprochen *‚Kailien‘*)

„Aber es ist eigentlich auch völlig egal, welches Tier wohin gehört", sagte sie niedergeschlagen. „Ihr werdet mir die Kunstwerke nun sicherlich abnehmen und sie ins Museum bringen, oder?"

Die Freunde sahen einander nachdenklich an. „Also, ich weiß ja nicht, wie es euch geht", sprach Line als Erste, „aber ich finde, es wäre viel schöner, die Kunstwerke an ihre rechtmäßigen Orte zu bringen. Warum sollen sie denn in einem staubigen Museum in einem fremden Land versauern, wenn sie eigentlich in Vietnam verteilt gehören?"

„Das stimmt!", fand auch Benni. „Aber wir sind ja hier, um Nga zu helfen. Was sagst du denn dazu?"

Nga schaute in die erwartungsvollen Gesichter um sie herum. „Natürlich haben wir versprochen, die Schätze ins Museum zu bringen. Aber ich kann mir kaum vorstellen, dass Gaston sie aus Vietnam wegbringen will, wenn wir ihm erklären, dass sie auf keinen Fall zusammen aufbewahrt werden dürfen. Ich bin auch der Meinung, dass wir Thao Anh dabei helfen sollten, die Schätze zurückzubringen. Am besten fangen wir direkt mit dem Drachentempel an, oder?"

Thao Anh strahlte über das ganze Gesicht, als sie die Drachentrommel aus ihrem Rucksack holte. „Danke vielmals für euer Verständnis! Ihr werdet diese Entscheidung nicht bereuen", sagte sie und trug die Trommel zum Tempel. Dort verneigte sie sich vor den beiden Drachenstatuen, die den Eingang bewachten, und hängte das Instrument an zwei Haken am Altar auf. Dann schlug sie mit einem kleinen Schlegel auf die Trommel.

Eine warme Kraft durchfuhr die Freunde, als das Geräusch der Trommel ihnen durch die Körper fuhr. Für einen Moment hatten sie das Gefühl, dass die grünbewachsenen Wände der Bucht hell erstrahlten. Mit frischen Kräften machten sie sich mit ihrer neuen Freundin auf und paddelten gegen die Strömung zurück zu den Booten.

Gaston und B-OB erwarteten die Kinder schon, als sie aus der Höhle herauskamen. „AHA!!", schrie der Museumsdirektor von der Reling des Bootes herunter. „Haben wir dich, du gemeingefährliche Kriminelle! Ich hätte nie gedacht, dass eine junge Frau zu so einer Schandtat in der Lage wäre, aber da haben wir es. Raus mit den Kunstwerken!"

Nachdem sie wieder an Bord waren, beruhigten sie den besorgten Kai, der lange in der Höhle nach ihnen gesucht hatte. Dann berichteten Nga, Line und Benni, was passiert war. Auch Thao Anh erzählte erneut ihre Geschichte und erklärte, warum sie die Schätze gestohlen hatte.

B-OB war natürlich Feuer und Flamme. „Oh, vier geheime Tempel, Gleichgewicht wiederherstellen? Das klingt nach einem fantastischen Abenteuer. Gaston, was meinst du? Wollen wir direkt los oder noch eine Nacht diesen tollen Ort genießen?"

Gaston schaute das alte Wohnmobil mit großen Augen an. „Abenteuer?!", prustete er. „Diebstahl meinen Sie wohl, werter Herr! Glauben Sie diesen unfassbaren Unsinn etwa? Vielleicht könnten wir uns danach ja auch gleich auf die Suche nach der versunkenen Stadt Atlantis machen?"

„Na ja, das wäre schon cool ...", unterbrach Line den Wutausbruch Gastons. „NIX DA!", brüllte der Museumsdirektor. „Die Kunstwerke kommen mit mir nach Paris in eine glänzende Vitrine, wo zivilisierte Menschen sie sich in aller Ruhe ansehen können. Basta!"

Die Freunde waren empört über diese respektlosen Worte. Trotzdem versuchten sie weiter, den störrischen Gaston zu überreden, die Schätze in ihrer Heimat zu lassen, aber ohne Erfolg. Er beharrte darauf, am nächsten Morgen nach Hanoi zurückzukehren, wo bereits ein Flugzeug wartete. Ratlos und verzweifelt legten sich die Freunde nach diesem aufregenden Tag in ihren Kabinen schlafen.

Mitten in der Nacht weckte ein Geräusch Benni auf. Als er die Augen aufschlug, sah er drei Schatten, die sich über ihn beugten. Vor Schreck wollte er gerade losschreien, als eine Hand sich auf seinen Mund legte.

„Psssst! Benni, ich bin es doch nur!", flüsterte Line. Neben ihr standen Nga und Thao Anh. „Komm mit. B-OB ist schon bereit."

Die Freunde schlichen leise an Deck, wo Kai sie schon erwartete. Benni schaute sich um. „Wo ist B-OB denn hin? Er kann sich zwar durch jede Tür quetschen, aber so klein ist er doch nicht, dass er sich hier an Bord verstecken könnte."

Line zeigte ins Wasser. Dort lag ein kleines U-Boot und lächelte sie an. Es war B-OB. Er hatte während ihres Abenteuers in Schottland am Loch Ness eine neue Ausrüstung montiert bekommen und hatte sich still und heimlich mit einem leisen **BIIIBOOOBUUUP** verwandelt.*

Nun flüsterte er: „Hüpft schnell an Bord! Wir machen uns vom Acker. Dieser Gaston ist doch völlig verrückt. Thao Anh, wir helfen dir, die Schätze wieder an die rechtmäßigen Orte zu bringen. Ich kann es nicht leiden, wenn Leute Kulturen respektlos behandeln, nur weil sie anders als die eigene sind."

* Nachlesen kannst du das in Band 7 *Der verschwundene Zauberer*.

Leise ließen sich die Freunde von Kai helfen, in B-OB einzusteigen. „Keine Sorge, ich werde diesem Gaston erzählen, dass mich ein komisches Geräusch geweckt hat, und ihn erstmal auf die falsche Fährte schicken", sagte der liebenswerte Kapitän. „So habt ihr einen schönen Vorsprung und könnt die Schätze in Vietnam verteilen. Viel Erfolg, Freunde!"

B-OB schloss seine Luke und ging leise auf Tauchstation.

Der Dschungel und die Höhle

Die grünen Landschaften Vietnams zogen am Zugfenster vorbei. Die Freunde hatten Phong entlang der Schienen wiedergetroffen. Nun stand B-OB auf einem Wagon, der extra für ihn und die Kinder hergerichtet war, und erzählte der Lokomotive, was passiert war.

„Ich kann noch nicht so ganz fassen, was wir hier gerade tun", sagte Nga mit zitternder Stimme. „Wir haben eigentlich versprochen, die Kunstwerke nach Hanoi zu bringen, und jetzt sind wir sogar ein Teil des Diebstahls!"

Phong beruhigte seine kleine Freundin. „Weißt du, diese Schätze gehören weder Gaston noch dem Museum. Häufig werden wertvolle Gegenstände aus Ländern in weit entfernte Museen gebracht, obwohl sie für die Kultur, aus der sie stammen, wichtig sind."

„Du hast natürlich recht", stimmte Nga ihrem Freund zu. „Ich meine auch vielmehr, wie stellen wir sicher, dass Gaston uns nicht findet? Wie kommen wir problemlos zu den nächsten Orten? Wissen wir überhaupt, wie wir schnell zu allen Tempeln kommen?"

„Puh! Du machst dir wirklich viele Sorgen, was?", fragte Line ihre neue Freundin.

„Ja, immer", stimmte Nga zu. „Ich will nichts falsch machen. Ich habe Angst, dass ich Leute enttäusche oder sie vor den Kopf stoße. Ich mache mir Sorgen, dass Dinge schief gehen und nicht wieder gutgemacht werden können. Ich denke einfach sehr viel nach."

„Das kenne ich gut", brummte B-OB gegen den Fahrtwind. „Als ich noch ein junger Flitzer war, habe ich mir auch immer Sorgen gemacht. Habe ich noch genügend Benzin im Tank? Wie bekomme ich die ganzen Insekten wieder von meiner Windschutzscheibe? Aber als ich älter wurde, habe ich gemerkt, dass Sorgen wie Nudeln sind. Man macht sich immer zu viele davon."

„Und eines kann ich dir versichern", sagte Thao Anh, „ich weiß, wo jeder einzelne Tempel ist. Den Phönix und den Drachen haben wir ja schon besucht. Unser nächster Halt ist der Qilin-Tempel. Dafür müssen wir in einen ganz besonderen Ort. Die *Son-Doong-Höhle*."

„Oooohhh, da wollte ich schon immer mal hin!", rief B-OB aufgeregt. Benni wunderte sich. „Was, es gibt einen Ort auf dieser Welt, an dem du noch nicht warst?", fragte er.

B-OB erklärte den Kindern: „Na, die Höhle wurde auch erst vor nicht allzu langer Zeit entdeckt, aber sie existiert natürlich schon seit Jahrmillionen. Die Son-Doong-Höhle ist die größte Höhle der Welt. Sie liegt im zentralen Vietnam, mitten im Dschungel."

B-OB schwärmte weiter: „In der Höhle gibt es unterirdische Flüsse, hohe Felswände und sogar einen kleinen Regenwald. Sie ist so groß, dass manchmal Wolken darin entstehen. Riesige Stalagmiten wachsen bis zu 70 Meter hoch – so hoch wie ein kleines Hochhaus.

Nur wenige Menschen haben die Höhle bisher betreten, weil sie so schwer zu erreichen ist." „Aber wie kann denn dann ein geheimer Tempel in dieser Höhle stecken?", fragte Benni.

„Gute Frage", erwiderte Thao Anh. „Wie B-OB richtig sagte, existiert die Höhle ja schon seit sehr langer Zeit. Und manchen Menschen war die Höhle schon bekannt – nur eben nicht denen, die Abenteuertouren dorthin veranstalten."

Plötzlich kreischten die Bremsen des Zuges. Mitten im Dschungel kamen sie zum Stehen. „Alle aussteigen, Haltestelle Son-Doong, bitte schön!", rief Phong.

Er zeigte auf einen kleinen Fluss. „Näher an die Höhle kann ich euch leider nicht bringen. Ab hier muss B-OB euch führen. Bevor ihr losfahrt, habe ich allerdings eine sehr wichtige Nachricht für euch. Über den Zugfunk wurde mir gerade gemeldet, dass Gaston Grantête wieder aus der Ha Long Bucht nach Hanoi gekommen ist. Er schien nicht besonders gut gelaunt zu sein und ist auf der Suche nach euch. Seid also auf der Hut. Wer weiß, wann und wo dieser komische Vogel auftauchen könnte."

Phongs Warnung machte Eindruck auf die Freunde. B-OB rollte von seinem flachen Wagon und machte sich bereit für eine Dschungel-Expedition.

Mit einem gummihaften **PLOIOIOIOIOINK** pustete er seine riesigen Geländereifen auf. Spitze Spikes fuhren mit einem metallenen *ZIIIIINNNNNNKKKK* aus den Rädern und mit einem schweren **KAAAALLONK** klappte eine Seilwinde unter seiner Stoßstange hervor. B-OB war bereit für die Wildnis. „Dann mal alle an Bord", rief er. „Das Schnellste wird sein, wenn wir diesen seichten Fluss hinauffahren. So hinterlassen wir keine Spuren, denen Gaston folgen könnte."

Unaufhaltsam rollte B-OB über Stock und Stein den Flusslauf hinauf. Nach einigen Stunden hatten sie endlich den Höhleneingang erreicht.

Thao Anh zeigte auf die Öffnung und sagte: „Jetzt geht der schwierige Teil der Expedition erst los. Um zum Tempel zu kommen, müssen wir viel klettern."

„Tja, sieht wohl so aus, als müssten wir wieder ohne B-OB eine Höhle erkunden", sagte Line achselzuckend zu den anderen. „Das kommt überhaupt nicht in Frage!", rief B-OB. „Diese Höhle ist unfassbar tief und selbst für erfahrene Kletterer schwer zu durchqueren."

„Aber was schlägst du vor?", fragte Benni. „Wir können Thao Anh doch schlecht alleine in die Höhle hineinsteigen lassen."

B-OB hatte eine Idee. „Ich habe gelesen, dass es riesige Löcher in der Decke der Höhle gibt. Wenn wir die Gegend hier aus der Luft absuchen, finden wir bestimmt eines dieser Löcher. Dann können wir direkt in einer der großen Hauptkammern landen."

Begeistert sprangen die Freunde zurück an Bord. B-OB entfaltete wieder mit einem **WUUUSSSCCCHHH** seine Flügel, drehte die Propeller waagerecht und schwebte über das Blätterdach des Dschungels.

Um sie herum erstreckte sich eine unendlich scheinende grüne Decke.

„Da vorne!“, rief Line. „Da ist eine Lücke zwischen den Bäumen. Das ist doch bestimmt so ein Decken-Höhleneingang.“

Schnell war B-OB über das riesige Loch geflogen und ließ sich nun langsam hinab.

Er sank immer tiefer unter die Erde, bis das Loch in der Decke wie ein gigantischer Scheinwerfer die Höhle unter ihnen beleuchtete. Der Raum, in den sie flogen, war so groß, dass er wie eine zweite Welt unter der unseren schien. Es war eine Sache zu hören, dass ein kleiner Dschungel in der Höhle wuchs oder dass sogar Wolken an der Decke schweben sollten, aber es war etwas völlig anderes das in Wirklichkeit zu sehen.

Andächtig schauten die Freunde aus dem Fenster, bis B-OB auf dem Boden aufsetzte.

B-OB war auf einem Sandstrand vor einem türkisfarbenen See gelandet, hinter dem sich ein kleiner Dschungel erhob. „Hier sind wir richtig“, durchbrach Thao Anh die Stille. „Ich brauche nur ein wenig Zeit, um den genauen Standort des Tempels zu finden.“

B-OB schaute zur Höhlendecke durch das Loch. „Die Sonne geht bald unter. Wie wäre es, wenn wir es uns hier für die Nacht gemütlich machen? Morgen gehen wir dann auf die Suche nach dem Tempel.“

Flink sammelten die Freunde ein paar trockene Hölzer, die herumlagen, und machten ein kleines Lagerfeuer, um das sie sich in ihren Schlafsäcken kuschelten. „Ich freue mich schon darauf, den Einhorn-Tempel zu sehen", sagte Line und seufzte glücklich. „Seit ich klein bin, habe ich ein Kuscheleinhorn mit Regenbogenmähne namens Rüdiger. Rüdiger darf sogar noch immer bei mir im Bett schlafen.“

„Ich glaube, du hast nicht ganz eine Vorstellung davon, wie unser Einhorn aussieht“, sagte Thao Anh lachend.

„Um ehrlich zu sein, weiß ich gar nicht, warum das Qilin, wie wir es nennen, von westlichen Besuchern ‚Einhorn' genannt wird", erklärte sie.

„Es hat wirklich nichts mit dem Fabelwesen aus euren Märchen zu tun. Unser Qilin hat den Kopf eines Drachen mit langen, geschwungenen Hörnern und großen, glänzenden Augen. Es wird häufig mit dem Körper eines Pferdes dargestellt, aber statt eines Fells hat es schimmernde Schuppen. Das Qilin ist ein sanftes und freundliches Wesen, das sich lautlos bewegt und keine Spuren hinterlässt. Man sagt, dass sein Erscheinen eine glückliche Zeit einläutet."

Line, Benni und Nga hatten Thao Anhs Erzählungen gebannt gelauscht. „Das klingt ja noch viel cooler als unsere Einhörner zu Hause", fand Benni. Die anderen stimmten zu und kuschelten sich noch tiefer in ihre Schlafsäcke, um gut ausgeruht zu sein für die Suche nach dem Tempel des liebevollen Qilin.

Am nächsten Morgen wurden die Freunde von einem lauten Schrei geweckt.

So ein Affentheater!

„Der Schatz des Qilin ist weg!", rief Thao Anh. „Er war gestern Abend noch hier neben mir in meinem Rucksack!"

Die Freunde sprangen aus ihren Schlafsäcken und durchsuchten die Umgebung. B-OB leuchtete mit seinen Scheinwerfern jeden Winkel der umliegenden Höhle ab.

„Bestimmt hat Gaston uns eingeholt und ihn sich genommen!", vermutete Nga. „Phong meinte doch, er wäre auf der Jagd nach uns."

„Ich kann mir beim besten Willen nicht vorstellen, dass der feine Herr Grantête so schnell herausgefunden hat, wo die Tempel sind und durch den Dschungel gekommen ist", brummte B-OB. „Aber erklären kann ich mir das Ganze auch nicht so recht."

„Ich befürchte, ich weiß, wer den Schatz des Qilin gestohlen hat", rief Benni und zeigte in die Baumwipfel des Höhlen-Dschungels. Dort tummelte sich eine Affenbande und warf Thao Ahns Rucksack wie ein Spielzeug hin und her.

„O nein!", rief die Meisterschülerin. „Das ist ja schrecklich! Der Schatz des Qilin ist uraltes Porzellan. Es ist natürlich in einer gepolsterten Schatulle, aber die hilft bei diesem Ballspiel auch nicht viel. Wir müssen den Rucksack zurückholen!"

Bevor jemand etwas erwidern konnte, stiegen Thao Anh und Line auf die Bäume und versuchten, die frechen Tiere zu fangen. Doch egal, wie gut die beiden Abenteurerinnen kletterten, die Affen waren geschickter.

Flink hüpfte die Bande von Ast zu Ast. Sie schienen die Freunde sogar ärgern zu wollen und ließen den Rucksack knapp vor ihren Nasen baumeln. Aber kurz bevor Line oder Thao Anh zugreifen konnten, zogen sie die Beute wieder weg und machten sich kreischend davon.

Nga, Benni und B-OB sahen sich die Vorstellung vom Boden aus an. „Was können wir bloß tun?", fragte Benni. „Diese Zirkustricks scheinen auf jeden Fall nicht die Lösung zu sein."

B-OB gab seinem Freund recht. „Stimmt. Aber wenn ich meine Flügel ausbreite, habe ich Angst, die Affenbande zu erschrecken. Dann könnten sie den Rucksack fallen lassen oder damit wegrennen."

„Das ist ja interessant", grübelte Nga. „Seht mal diese Affen da vorne. Die verhalten sich aber seltsam." Sie zeigte auf eine kleine Bande, die etwas entfernt vom Getümmel saß. Die drei Äffchen beobachteten die Verfolgungsjagd genau. Jedes Mal, wenn Line nach dem Rucksack griff, streckten auch die Affen die Hände nach einer unsichtbaren Tasche aus. Und wenn Thao Anh ein paar Äste nach oben kletterte, kletterten auch die Affen hoch.

„Tatsache! Die imitieren ja alles, was Line und Thao Anh machen!", rief Benni. „Das hast du toll beobachtet, Nga! Vielleicht können wir das zu unserem Vorteil nutzen."
„Wie wäre es, wenn wir einen Beutel nehmen und ein kleines Schauspiel für die Affen vorführen", schlug Nga vor.

Benni nahm seine braune Umhängetasche und gemeinsam versuchten die beiden Kinder, die Affen auf sich aufmerksam zu machen.

„He, ihr Flohbeutel!", rief Benni. „Hier unten!" Er schwenkte die Tasche über seinen Kopf. Der Affe, der gerade den Rucksack trug, fing sofort an, diesen auch über seinen Kopf zu schwenken.

„Huch, das funktioniert ja fast zu gut!", rief Nga. „Pass auf, dass du keine zu abenteuerlichen Bewegungen vormachst, Benni."

Benni hielt die Tasche ruhig über seinen Kopf. Der Affe machte es ihm nach. Dann hängte er sie über seine Schulter und machte ein paar Schritte nach links. Der Affe verhielt sich wie ein haariges Spiegelbild Bennis. Auch er hängte sich die Tasche über die Schulter und machte ein paar Schritte nach links.

Line und Thao Anh hatten sofort begriffen, was ihre Freunde auf dem Boden vorhatten. Während die Aufmerksamkeit der Affenbande auf Nga und Benni gerichtet war, kletterten sie leise zu den kleinen Tieren und setzten sich vorsichtig neben sie.

Benni reichte nun seine Tasche an Nga weiter. Der Affe kopierte sein menschliches Spiegelbild und gab den Rucksack auch an seinen Nachbarn. Leider hatte er nicht bemerkt, dass sein Nachbar gar kein Affe war. Thao Anh nahm den Rucksack lächelnd entgegen und ließ sich in Windeseile vom Baum herab. Allerdings hatte der kleine Trick eine unbeabsichtigte Wirkung.

„In Deckung!", rief Benni. „Ich glaube, die finden das nicht so witzig, dass wir sie ausgetrickst haben!"

Vom Baum hagelte es alte Früchte, Äste und kleine braune Kügelchen, die die Freunde sich nicht genauer ansehen wollten. Die schnatternden und kreischenden Affen warfen alles, was sie in die Finger bekommen konnten. Erst als B-OB laut hupte, hüpfte die Bande erschrocken davon.

Die Freunde jubelten. „Nga, Benni, das war eine fantastische Idee!", rief Line. „Manchmal ist Köpfchen statt Kopf durch die Wand doch der bessere Weg."

Thao Anh hatte den Inhalt ihres Rucksackes sofort untersucht. „Zum Glück ist nichts beschädigt", freute sie sich. „So, jetzt geben wir den Schatz des Qilin lieber schnell zurück, bevor noch etwas passiert."

Mit B-OBs Kletterausrüstung machten sich die Freunde auf den Weg tiefer in die Höhle hinein. Sie kletterten die „Vietnamesische Mauer" hinab, durchquerten einen unterirdischen Fluss und erreichten schließlich einen weiteren Dschungel. Hier wischte Thao Anh einige Äste zur Seite und legte den Blick auf eine Pagode frei.

„Das ist also ein Qilin", sagte Benni und zog staunend die Augenbrauen hoch. In der Mitte des kleinen Tempels stand die Statue eines Wesens, das aussah wie eine Mischung aus Löwe, Drache und Pferd. Thao Anh stellte die kunstvoll bemalte Porzellanvase vor das Qilin. Sobald das Porzellan den Tempel berührte, durchfuhr die Freunde ein tiefes Gefühl der Zuversicht. Ein buntes Licht wirbelte die Höhlenwand hinauf und verschwand so schnell, wie es gekommen war.

„Das Qilin hat sich für unsere Hilfe bedankt", sagte Thao Anh und lächelte zufrieden. „Unsere Arbeit hier ist getan. Nun können wir uns auf den Weg zu unserer letzten Station machen."

Laternen und Kokosnüsse

Zurück an Bord von Phong rollten die Freunde weiter die Schienen entlang. „Unser nächstes Ziel erfordert ein wenig Geduld", erklärte Thao Anh. Der Tempel der Schildkröte ist nämlich ganz im Süden des Landes, im *Mekong Delta*."

Phong rief nach hinten: „Das ist wirklich weit weg. Die meisten Leute haben keine Ahnung, wie lang Vietnam sich von Norden nach Süden erstreckt. Von Hanoi nach Saigon, unserer Endstation, ist es beinahe so weit wie von Hamburg im Norden Deutschlands bis nach Rom in der Mitte Italiens."

„Aber keine Sorge", sagte Phong, „auf halber Strecke, bei *Da Nang* machen wir eine Pause. Ich muss Kühlwasser tanken. Da habt ihr dann Gelegenheit, euch die Beine zu vertreten."

„Oh, Da Nang", freute sich B-OB. „Das liegt ja gleich neben *Hoi An*, einer meiner Lieblingsstädte in Vietnam. Hoi An wird auch die Laternenstadt genannt. Die ganze Stadt leuchtet nachts bunt."

Als der Zug Da Nang erreichte, machten sich die Freunde direkt auf den Weg nach Hoi An, um die Stadt zu erkunden.

Es wurde schon dunkel, aber das machte den Besuch nur noch reizvoller. Die Häuser waren leuchtend gelb bemalt und mit schönen Holzbalkonen verziert. Die engen Gassen waren voll bunter Laternen behangen, die in allen Farben strahlten und die Stadt wie ein Märchenland aussehen ließen. Überall gab es kleine Läden, die handgemachte Laternen und Souvenirs verkauften. Die Freunde waren allerdings alles andere als allein in der alten Stadt. Tausende Touristen drängten sich um sie.

„Puh“, schnaufte B-OB. „Hoi An ist aber wirklich kein Reise-Geheimtipp mehr. Na, kein Wunder, die Stadt ist ja auch wunderschön. Wenn Vollmond ist, feiern die Menschen das Laternenfest, bei dem sie leuchtende Papierboote auf dem Fluss treiben lassen.“

Gemeinsam sahen sie sich lustige runde Korbboote an, setzten eine Laterne ins Wasser und beobachteten eine Gruppe Kinder, die Laternen bastelten. Die Freunde genossen die bunte Abwechslung von der langen Zugfahrt, als Line plötzlich rief: „He, schaut mal! Ist das da vorne nicht Gaston?“

Die Köpfe der Freunde schnellten herum. Tatsächlich bahnte sich der übellaunig dreinschauende Museumsdirektor einen Weg durch die Menschenmenge. Er trug einen zu warmen Anzug und tupfte sich alle paar Sekunden mit einem riesigen Taschentuch den Schweiß von der Stirn. Links und rechts neben ihm liefen zwei riesige, muskulöse Handlanger. Sie suchten die Menge mit ernsten Blicken ab.

„O nein! Wie haben sie uns bloß finden können?“, flüsterte Nga, während Line sie in ein kleines Geschäft zog. Doch es war zu spät. Einer der beiden Muskelprotze zeigte auf sie. „Mist, sie haben uns entdeckt!“, rief B-OB.

Die Freunde rannten die Straße hinunter und versuchten, ihre Verfolger abzuschütteln, aber die blonden Riesen holten schnell auf, während Gaston ihnen aus der Ferne Befehle zurief. „Es hat keinen Zweck“, rief das große Wohnmobil, „ich bin einfach zu auffällig! Wir müssen uns trennen. Ich lenke diese Typen ab!“

B-OB fuhr vor seine Freunde und verdeckte sie so vor den Verfolgern. Laut genug, dass jeder es hören konnte, rief er: „Los, alle an Bord! Die hängen wir locker ab." Zu Thao Anh und den Kindern flüsterte er: „Los, rennt durch dieses Geschäft zu Phong. Wir treffen uns dort."

Nachdem die Freunde im Laden verschwunden waren, raste B-OB mit quietschenden Reifen davon. Sie sahen noch einen von Gastons Helfern hinter dem davonflitzenden Wohnmobil herrennen, gefolgt vom hechelnden Museumsdirektor selbst.

Line, Benni, Nga und Thao Anh schlichen sich aus dem Restaurant und liefen durch die noch immer von Touristen gefüllten Straßen. Thao Anh wollte gerade vorschlagen, mit dem Taxi nach Da Nang zu fahren, als die anderen drei vor Schreck erstarrten. In dem Moment packte eine schwere Hand die junge Frau an der Schulter. Als sie sich umdrehte, schaute sie in das grimmig lächelnde Gesicht des zweiten blonden Muskelprotzes. Er war nicht mit den anderen hinter B-OB hergejagt.

Nun grinste er selbstzufrieden, bis Line ihm beherzt vor das Schienbein trat. Gastons Bodyguard jaulte vor Schmerz und ließ Thao Anh los. Blitzschnell rasten die Freunde davon und verschwanden in der Menge. Sie hetzten durch Laternen-Bastelläden, durch Restaurants und vorbei an Souvenirgeschäften, doch der blonde Muskelprotz blieb ihnen dicht auf den Fersen.

„Es ist zum Verzweifeln", keuchte Line. „Egal wie viele Haken wir schlagen, wir schaffen es einfach nicht, diesen Grobian abzuschütteln."

Nga zeigte auf den Fluss. „Da vorne, seht nur!", rief sie. Dort sind diese runden Korbboote. Vielleicht können wir ihm ja in so einem endlich entkommen. Sie sprangen in eines der Boote und ruderten, so schnell sie konnten, davon.

Leider hatte sich ihr Verfolger auch eines der runden Boote geschnappt und leider war er ein ausgesprochen starker Ruderer. Unaufhörlich näherte er sich den Freunden, als in der Ferne plötzlich ein immer lauter werdendes Rauschen zu hören war.

„Hört mal", rief Nga über das Geräusch hinweg, „ist das ein Flugzeug?" „Nein!", rief Benni erfreut. „Das kann nur eines bedeuten!"

Mit einem gigantischen **SSSCCCHHHUUUUUUUUHHH** donnerte B-OB auf seinem Luftkissenaufbau heran. Er nutzte seine Bugwelle, um das Korbboot des Riesen umzuwerfen. Der stürzte ins Wasser und klammerte sich hustend und prustend an sein Boot.

Die Freunde sprangen in B-OB und donnerten davon. „Wir müssen hier nur kurz die Küste entlangdüsen, dann sind wir zurück in Da Nang", rief B-OB über den Lärm seines Ventilators hinweg. „Und vom Strand ist es nicht weit bis zu Phong. Er wartet schon mit laufender Maschine auf uns."

Taschendiebe am Bahnhof!

„Ich kann nicht fassen, dass Gaston uns beinahe erwischt hat", rief Nga, als sie wieder auf den Schienen rollten. „Es ist schwierig, sich keine Sorgen zu machen, wenn man häufig recht damit hat! Das nächste Mal halten wir uns an Phong. Da kann uns nichts passieren!"

„Na, nun müssen wir ja nur noch bis ins Mekong Delta und den Schatz der Schildkröte in ihren Tempel bringen. Dann haben wir es geschafft", sagte Line. Neugierig fragte sie: „Wie weit ist es denn noch bis Saigon? Und wie ist Saigon denn eigentlich so?"

„Saigon ist ein unglaublich aufregender Ort", erzählte B-OB. „Die Stadt wurde vor Jahren in Ho-Chi-Minh-Stadt umbenannt, aber die meisten Einheimischen nennen sie noch immer Saigon. Die ganze Stadt ist hellerleuchtet von Neon-Röhren und an jeder Ecke gibt es fantastisches Streetfood – also Essen, das an Ständen zubereitet und auf der Straße gegessen wird. Saigon ist ein bisschen wie das südliche Gegenstück zu Hanoi. Man könnte sagen, während Hanoi etwas traditioneller und friedlicher ist, ist Saigon moderner und aufregender."

Nga hatte sich inzwischen ein wenig beruhigt und freute sich nun auf die letzte Etappe ihrer abenteuerlichen Reise. Sie sah auf ihre Uhr. „Nur noch ein paar Minuten, dann sind wir da", sagte sie zufrieden. „Wie schön, genau zu wissen, was als Nächstes passiert. Ihr habt schon recht. Es ist nicht wirklich nötig, sich Sorgen zu machen. Vor allem dann nicht, wenn man einen Plan hat und einen zuverlässigen Partner wie Phong."

Phong rollte in die Endstation ein, den Hauptbahnhof von Saigon und die Freunde stiegen aus ihrem Wagon. Als Thao Anh auf den Bahnsteig trat, zog ihr jemand den Rucksack von der Schulter. „Hey, passen Sie doch auf!“, rief sie und blickte geradewegs in das hämisch grinsende Gesicht von Gaston Grantête.

„Da haben wir ja endlich eines meiner Kunstwerke“, schnarrte er und hielt den Rucksack mit dem Schatz in der Hand. Die Freunde hatten sich hinter Thao Anh versammelt und sahen hilflos zu, während Gaston weitersprach: „Schon praktisch, wenn die Verfolgten sich pünktlich auf die Minute an den Fahrplan halten. Das erleichtert eine Jagd natürlich ungemein.“

Nga stöhnte auf. Ausgerechnet Phongs und ihre größte Stärke, die Zuverlässigkeit, war ihnen nun zum Verhängnis geworden.

„Ich mache euch hiermit ein feierliches Versprechen“, fuhr Gaston fort. „Nach einem kleinen Zwischenstopp in Kambodscha, wo ich noch ein Kunstwerk einsammeln werde, bringe ich dieses kleine Schätzchen ins Museum nach Frankreich.* Dann werde ich nicht ruhen, bis ich die anderen drei Kunstwerke auch geholt habe. Ich werde herausfinden, wo diese geheimen Tempel sind. Dann werden meine beiden Assistenten mir die Kunstwerke früher oder später zurückbringen und dieser ganze Zirkus hier wird umsonst gewesen sein.“

Er lachte schadenfroh. „Nun denn: Adieu“, sagte er und stolzierte davon, gefolgt von seinen blonden Muskelprotzen. Zurück blieb eine verzweifelte Thao Anh und eine am Boden zerstörte Nga.

* **Kambodscha** ist ein Nachbarland Vietnams. Dort gibt es eine der größten Tempelanlagen der Welt namens *Angkor Wat*.

„Wie lange will sie denn noch so dasitzen?“, fragte Line. Die Freunde beobachteten die untröstliche Nga schon seit einiger Zeit, während diese mit hängendem Kopf auf einer Bank am Gleis saß. Schließlich gesellten sie sich zu ihr.

„Das war ein ganz schöner Schock für dich, was?“, brummte B-OB. Nga antwortete nicht, sondern starrte weiter vor sich auf den Boden.

Als Nächstes versuchte Line ihr Glück. „Das konnte aber wirklich niemand wissen, dass Gaston den Fahrplan so genau kennt. Und dass er dann noch einen Express-Bus nimmt, um uns zu überholen“, tröstete sie ihre neue Freundin.

Nga seufzte.

„Weißt du“, sagte Thao Anh und setzte sich neben das Mädchen. „Egal wie häufig dieser garstige Gaston versucht, die Schätze an sich zu reißen, ich werde jedes Mal da sein, um sie wieder zurückzubringen.“

Nga blickte auf. „Das mag ja sein“, sagte sie traurig. „Aber das ändert nichts an der Tatsache, dass ich schuld daran bin, dass die Schätze nun schon zum zweiten Mal gestohlen wurden. Wenn ich mir nicht immer so viele Sorgen machen würde und deshalb alles bis ins letzte Detail planen würde, wäre ich auch nicht so vorhersehbar.“

„Das stimmt vielleicht“, sagte Benni. „Aber schau mal, was du in den letzten Tagen alles geschafft hast. Du hast Ruhe und Frieden in eine hektische Situation gebracht, als wir die Touristen in den Bergen gerettet haben, ganz im Sinne des Phönix.“

„Da hat Benni recht“, stimmte Line ihrem Freund zu. „Und als wir in der Höhle in die Strömung geraten sind, da hast du viel Kraft bewiesen, wie ein richtiger Drache.“

„Und in der Son-Doong-Höhle“, sagte Thao Anh, „hast du auf sehr schlaue und humorvolle Art und Weise den Affen den Schatz abgeluchst. Das war wirklich eines Qilin würdig.“

B-OB lächelte seine kleine Freundin an. „Und das Verrückte ist, nichts davon war geplant. Du hast gut beobachtet und schlau reagiert. Das ist nicht besonders sorgenvoll, wenn du mich fragst.“

Zum ersten Mal seit Längerem lächelte Nga wieder. „Da habt ihr schon recht“, sagte sie. „Auf so verrückte Situationen kann man sich ja auch gar nicht vorbereiten. Vielleicht ist es wirklich bekloppt, sich so viele Sorgen zu machen. Es kommt sowieso meistens alles anders, als man denkt.“ Sie schaute in die Runde. „Aber was machen wir denn jetzt mit Gaston und dem Schatz der Schildkröte?“, fragte sie.

„Ich habe eine Vermutung, wohin er geflüchtet sein könnte“, sagte Thao Anh. „Gaston will doch nach Kambodscha. Das erreicht man von hier aus am schnellsten über den Wasserweg. Er muss per Schnellboot über den Mekong-Fluss, um zur Grenze zu kommen.“

„Wenn wir uns beeilen, schaffen wir es vielleicht, Gaston einzuholen. Dann können wir ihm den Schatz abnehmen und ihn in den Tempel der Schildkröte bringen“, meinte B-OB.

Nga sprang auf. „Dann müssen wir ihm folgen!“, rief sie. „Keine Fahrpläne, keine Sorgen! Wir holen jetzt diesen Schatz zurück!“ Die Freunde jubelten und hüpften in B-OB. Sie verabschiedeten sich von Phong und schon ging es los in Richtung Süden ins Mekong-Delta.

Labyrinthe und Wassermelonen

„Es wird nicht leicht sein, Gaston aufzuspüren", rief B-OB, während er eine Herde Mopeds überholte. „Der Mekong ist einer der größten Flüsse der Welt. Hier in der Gegend teilt er sich in neun kleinere Flüsse, die wiederum durch Hunderte von Kanälen wie ein Spinnennetz miteinander verflochten sind. Es gibt unzählige Reisfelder, riesige Mangrovenwälder, schwimmende Fischerdörfer und noch viel mehr, wo er sich verstecken könnte."

B-OB rollte auf eine große Brücke zu. Vor ihnen erstreckte sich der breiteste Fluss, den Line und Benni je gesehen hatten. „Also, wenn Gaston wirklich in Richtung Kambodscha will, muss er eigentlich auf dem Hauptfluss des Mekong bleiben", rief B-OB, während er die Brücke hinauffuhr. „Zeit, dass wir mal ein bisschen aufholen!"

Er raste auf die Seitenbegrenzung der Brücke zu und hüpfte mit einem Satz hinüber. Seine Insassen kreischten auf, als sie auf den Fluss zustürzten.

Ein gewaltiges **SSSCCCHHHUUUUUU** war zu hören, als sich ihr Sturz immer weiter verlangsamte. B-OB setzte sanft mit seinem Luftkissen auf dem Mekong auf und fuhr mit Volldampf den Fluss hinunter.

Nach kurzer Zeit zeigte Line auf ein Schnellboot, das vor ihnen herfuhr. „Da, seht mal!", rief sie. „Der Mann dort trägt doch einen braunen Anzug, so wie Gaston. Könnten sie das schon sein?" Als B-OB näher an das Boot heranfuhr, kam Bewegung in die Insassen. Der Mann in dem braunen Anzug zeigte auf B-OB und gestikulierte hektisch.

„Das sind sie!", rief B-OB. „Es wäre doch gelacht, wenn wir sie nicht im Nu einholen."

Doch B-OB hatte Gaston und seine beiden Muskelprotze unterschätzt. Mit einem Satz gab ihr kleines Boot Gas und bog in einen der Seitenflüsse des Mekong ein. B-OB nahm die Verfolgung auf, musste aber sofort auf die Bremse drücken. „O Mist", grummelte B-OB. „Das könnte ein Problem werden."

Vor ihnen lag ein riesiges Wasserlabyrinth. Drei kleine Nebenflüsse flossen in verschiedene Richtungen.

„Welchen Weg sollen wir denn jetzt einschlagen?", fragte Benni. „Wenn wir den falschen nehmen, wird uns Gaston sicher durch die Lappen gehen."

Nga hatte den rettenden Einfall. „Wir müssen uns aufteilen!", rief sie und zeigte auf ein paar Fischerboote, die am Ufer lagen. „Wenn jeder von uns ein Boot nimmt, können wir versuchen, Gaston den Weg abzuschneiden."

„Einverstanden!", rief Thao Anh und sprang in eines der Boote. „Das ist zwar nicht die feine Art, etwas zu nehmen, ohne zu fragen, aber dies ist ein Notfall! Wir bringen die Boote nachher wieder zurück." Line und Nga stimmten zu und stiegen in das andere Boot. Benni blieb bei B-OB.

„Alles klar!", rief Line. „Wir teilen uns auf. Jeder folgt einem der Flüsse. Diejenigen, die Gaston finden, alarmieren die anderen." Sie verteilte Funkgeräte, die sie aus B-OBs Notfallkoffer gefischt hatte, dann donnerte B-OB mit Benni den mittleren Fluss hinab, während die anderen sich links und rechts auf die Jagd machten.

Der Fluss vor Benni und B-OB wurde immer schmaler, als Benni plötzlich rief: „Da vorne sehe ich sie! Wir holen auf!" Doch obwohl sie sich Gaston und seinen Helfern tatsächlich näherten, kam B-OB schwerer und schwerer voran. Der Nebenarm wurde mit jedem Meter enger, bis er zu einem dünnen Flüsschen wurde, das bestenfalls einer Einbahnstraße glich.

Gastons schmales Boot war wie dafür gemacht, am Gegenverkehr vorbeizuflitzen. Ganz anders dagegen erging es dem breiten B-OB mit seinem Luftkissen. Laut und langsam versuchte er sich an den Fischern, Sandgräbern und Touristenbooten vorbeizuquetschen, während Gaston seinen Vorsprung immer weiter ausbauen konnte.

„Da, die Kokosnussplantage!", rief Benni. „Über die können wir doch bestimmt abkürzen!" Das ließ sich B-OB nicht zweimal sagen. Er schwebte, ohne sein Luftkissen einzuklappen, eine kleine Böschung hinauf und wirbelte auf dem Weg zur nächsten Flussbiegung ordentlich Staub auf.

Die schlaue Abkürzung funktionierte. „Dort vorne sind sie!", rief Benni und zeigte auf Gastons Boot, das gerade wieder auf den Hauptfluss abbog.

B-OB raste hinterher auf das offene Wasser des Flusses mitten ... in einen Markt hinein?

B-OB bremste, so fest er konnte, um nicht in ein mit Wassermelonen beladenes Boot zu knallen. Der schwimmende Verkäufer bot den Freunden eine Melone an. Benni verneinte dankend.

„B-OB, wo sind wir denn hier gelandet?“, fragte er. „Warum werden uns hier, mitten auf dem Wasser, Melonen angeboten?“

Während B-OB die Augen weiter nach Gaston und ihren Freunden aufhielt, erklärte er: „Das hier ist ein sogenannter *Floating Market* – ein schwimmender Markt. Früher, als es noch nicht so viele Brücken über den Mekong gab, war das hier die einfachste Möglichkeit für die Menschen, einkaufen zu gehen. Das wird bis heute noch so gemacht."

Mittlerweile waren auch Line, Nga und Thao Anh auf dem Markt eingetroffen. Benni erzählte, dass sie sich auf dem richtigen Weg befunden, aber Gaston im Gewimmel verloren hatten.

Wieder teilten die Freunde sich auf, um Gaston den Schatz der Schildkröte abzunehmen.

B-OB und Benni schauten hinter jeden Obsttransporter und schwimmenden Blumenverkäufer, während Thao Anh die Fressmeile absuchte. Von kleinen Booten stieg köstlich duftender Dampf auf. Es wurde gegrillt, gekocht und gegessen, was das Zeug hielt. Aber von Gaston und seinen blonden Grobianen fehlte jede Spur.

Line und Nga lenkten ihr kleines Boot hinter die Durian-Verkäufer mit ihrer stacheligen und stinkenden Fracht, als Line plötzlich rief: „Schau mal, wer da versucht, sich klammheimlich aus dem Staub zu machen!".* Geduckt, um keine Aufmerksamkeit zu erregen, tuckerten Gaston und seine Helfer auf einen weiteren Nebenarm zu.

„Ich glaube, ich kann über dieses Restaurantboot laufen und auf Gastons Boot springen!", rief Line.

Ohne auf Ngas Antwort zu warten, sprang sie auf das größere Boot und lief auf die andere Seite, doch es war zu spät. Gaston hatte schon wieder Fahrt aufgenommen und war außer Reichweite. „Mist, das war wohl nix!", rief Line. „Fahr du weiter hinter den Ganoven her. Ich rufe die anderen und wir folgen dir!", rief sie ihrer Freundin zu.

Nga nahm all ihren Mut zusammen und folgte Gaston in den dunklen Nebenfluss hinein.

* Eine **Durian** ist eine große Frucht mit stacheliger Schale und einem sehr starken Geruch. Innen ist sie weich und süß und schmeckt ein bisschen wie eine Mischung aus Nüssen und Vanille.

Da haben wir den Salat!

Nga war nun schon eine gefühlte Ewigkeit den Fluss hinuntergefahren. Sie hörte gerade noch Gastons Boot in der Ferne, konnte ihn aber nie wirklich einholen. Und von ihren Freunden fehlte jede Spur. Wo blieben sie denn?

Langsam folgte das Mädchen den engen Biegungen des Flusses, als dieser sich veränderte. Es sah aus, als ob sich ein grüner Teppich aus Salat über das Wasser gezogen hätte. Riesige Blätter bedeckten die Oberfläche. Vorsichtig bahnte sich Nga einen Weg durch das Grünzeug. Plötzlich stotterte ihr Motor und ging dann ganz aus. Als sie die lange Propellerstange aus dem Wasser hob, sah sie, dass sich die Ranken der Pflanzen wie ein Seil um die Schiffsschraube gewickelt hatten. Sie hatte keine Chance weiterzufahren.

Einsam und verlassen saß sie mitten in einem Mangrovenwald fest. Sie kam weder vor noch zurück. In der Ferne hörte sie den Motor von Gastons Boot immer leiser werden. Der Trubel des Marktes war den Geräuschen des Waldes gewichen. Ungewohnte Vögel zwitscherten und die Schatten kamen ihr bedrohlicher vor. Hier zischte es und dort knackte es im Gehölz.

Nga kannte nur die große Stadt Hanoi und ihren zuverlässigen Zug. Klar, sie hatte schon viele Ausflüge mit ihren Eltern gemacht. Aber alleine mitten im Mangrovenwald des Mekong? Gab es hier eigentlich giftige Schlangen, fragte Nga sich. So genau wollte sie das aber lieber gar nicht wissen.

Nach einer Weile fasste Nga neuen Mut. Sie nahm sich das Paddel, mit dem man sich vom Ufer abstoßen konnte, und begann, sich mühsam durch das Blättergewirr zu kämpfen. Wie hatte es Gaston wohl durch das dichte Grün geschafft? Vermutlich waren diese beiden blonden Muskelprotze einfach kräftiger als sie und konnten sich leichter durch diesen Salat durchkämpfen. Während Nga sich weiter Gedanken machte, war sie überrascht, wie schnell sie wieder freies Wasser erreicht hatte. Aber was war das?

Vor ihr weitete sich der Fluss. Doch nun war sie nicht mehr allein. Eine Herde Wasserbüffel hatte sich vor der Hitze ins kühle Nass gerettet und machte es sich dort nun gemütlich. Wie kleine, schwarze Inseln glänzten die nassen Rücken der Büffel in der Sonne. Kleine Kälber planschten vergnügt, während ihre Eltern bis zu den Nüstern im Wasser standen.

Nga war verzweifelt, was konnte denn noch alles schiefgehen? Sie ruderte ein Stück zurück, weg von den riesigen Tieren. Eigentlich sahen sie ja ganz süß aus. Aber was, wenn sie sich erschraken? Sie konnten Ngas kleines Boot mühelos umwerfen. Was sollte sie denn jetzt machen? Umkehren war keine Lösung, da lag ja der Salat auf dem Wasser. Und von ihren Freunden fehlte jede Spur. Da riss eine Stimme sie aus ihren Gedanken:

„He, was träumst du denn da vor dich hin?“

Nga schreckte hoch und sah zum Flussufer. Dort stand eine kleine Gruppe von Kindern in Schuluniformen. „Was ist los? Bist du etwa stumm?“, fragte der Junge, der aussah, als wäre er der Anführer. „Mein Name ist Quang, wie heißt du denn?“

„Äh, was? Ich?“, stammelte Nga. „Nein, nein, ich …“ Sie wollte nicht zugeben, dass sie Angst vor den Wasserbüffeln hatte. Und überhaupt, sie kannte diese Kinder doch gar nicht. Sie hatte doch immer so viel Angst davor, etwas Falsches zu sagen. Aber stimmte das überhaupt? B-OB hatte schon recht. Eigentlich war sie viel mutiger, als sie immer dachte.

Also atmete sie tief durch und sagte: „Mein Name ist Nga und ich habe einen sehr wichtigen Auftrag zu erledigen!“ Die Kinder machten große Augen, als Nga ihre Geschichte erzählte. Sie empörten sich über Gastons Verhalten, applaudierten bei der Rettung Thao Ans und jubelten, als sie hörten, wie die Freunde Gaston in Hoi An entwischt waren.

Als Nga fertig war, rief Quang: „Na, dann mal los! Wir müssen diesen fiesen Mann einholen. Diese Gegend hier ist unser Spielplatz. Wir kennen jedes Blatt und jede Flussbiegung besser als die *Pho*, die wir jeden morgen zum Frühstück essen!“*

„Aber wie kommen wir denn an diesen Ungetümen vorbei?“, fragte Nga und zeigte auf die Wasserbüffel.

* **Pho** (gesprochen ungefähr *‚Fäh‘)* ist eine eine sehr leckere Nudelsuppe mit Gewürzen, Reisnudeln, frischem Gemüse und Fleisch. Meistens wird sie zum Frühstück gegessen. Pho ist das Nationalgericht Vietnams.

„Ungetüme?!“ rief ein kleines Mädchen erbost. Es pfiff laut und der größte Büffel erhob sich gemächlich aus dem Wasser. Er trottete auf das im Vergleich zu ihm winzige Mädchen zu und blieb vor ihr stehen. Sie nahm seinen massiven Kopf in die Hände und drückte ihm einen dicken Kuss auf seine Nase. „Das sind doch keine Ungetüme“, sagte sie und streichelte dem Wasserbüffel zärtlich die Stirn. „Das sind unsere Brüder, Schwestern und Familienmitglieder. Sie helfen uns bei der schweren Arbeit und dafür überschütten wir sie mit Liebe.“

Auch einige der anderen Kinder riefen ihre Tiere. „Die könnten sicherlich bei der Suche behilflich sein“, schlug Quang vor und sprang auf den Rücken seines Büffels. „Sie sind viel schneller, als sie aussehen“, sagte er und klopfte hinter sich. „Für dich hätte ich auch noch einen Platz frei.“

Nga fragte sich, wie sie am Anfang dieser Reise entschieden hätte, und tat dann genau das Gegenteil. Sie ignorierte den Gedanken, ob es wohl sehr weh tue, wenn man von so einem großen Büffel falle. Auch darüber, ob Schlangen auch Büffel beißen würden, dachte sie nicht weiter nach.

„Na dann, worauf warten wir noch?“, rief sie und sprang hinter Quang auf den Rücken des Wasserbüffels.

Das fünfte heilige Tier

„Wo können sie denn nur hin sein?", rief Line in das Funkgerät. Thao Anh hatte sie in ihrem Boot aufgelesen und gemeinsam hatten sie sich auf die Suche nach Nga gemacht. Ngas verlassenes Boot hatten sie hinter einem bewachsenen Stück Nebenfluss gefunden. B-OB war in der Zwischenzeit mit Benni in die Lüfte gestiegen, um nach ihrer Freundin zu suchen.

„Ich verstehe das auch nicht", knackte B-OBs Antwort durch das Funkgerät. „Sie kann eigentlich nicht besonders weit gekommen sein. Vor allem nicht ohne Boot."

Benni erblickte einen Menschenauflauf am Ufer des Flusses. „Schau mal dort!", rief er. „Was ist denn da los? Ist das etwa Nga, zwischen den ganzen Büffeln?"

B-OB flog näher an die Menschenmenge heran. Tatsächlich war Nga mitten im Geschehen und sie war nicht allein. Vor ihr, eingekreist von Wasserbüffeln, Schulkindern und Dorfbewohnern, stand Gaston. Sein Anzug, sein Gesicht und seine lockigen Haare waren voller Schlamm, als sei er in einer Matschpfütze ausgerutscht. Die beiden blonden Riesen warteten nervös hinter ihm. Auf eine Herde Wasserbüffel und eine ganze Gruppe wütender Schulkinder hatte sie niemand vorbereitet.

„Das ist eine Unverschämtheit!", rief der Museumsdirektor gerade, als B-OB mit Benni landete. „So behandelt man doch keinen Mann der Wissenschaft und der Künste! Ihr wollt mich bestehlen!" Er umklammerte die grüne Schildkrötenstatue.

„Also, erstens mal", rief Quang vom Rücken seines Wasserbüffels herab, „haben wir Sie überhaupt nicht behandelt. Wir können doch nichts dafür, dass Sie nicht aus einem Boot aussteigen können, ohne in einer Pfütze auszurutschen." Grinsend fügte er hinzu: „Und dass wir alle lachen mussten, werden Sie ja wohl verstehen. Das war wirklich sehr lustig."

„Und zweitens", fügte Nga hinzu, „sind Sie derjenige, der uns bestiehlt. Niemand von uns will, dass die Kunstwerke der vier heiligen Tiere in einem Museum weit weg von hier versauern."

Zustimmende Rufe ertönten aus der umstehenden Menge von Kindern und Erwachsenen. Line hatte sich inzwischen zu ihrer Freundin gesellt. „Sag mal, wo kommen denn die ganzen Leute auf einmal her?", flüsterte sie Nga zu.

„Ach, die", sagte Nga stolz. „Die sind mitgekommen, um mir zu helfen, nachdem wir uns verloren hatten. Erst waren es nur wir Kinder und die Wasserbüffel, aber dann stießen immer mehr Dorfbewohner zu uns."

Sie wandte sich an Gaston: „Sie sehen sicherlich, dass Ihre Flucht keinen Zweck hat. Wirklich niemand will, dass unsere Schätze in ein Museum kommen. Geben Sie uns das letzte Kunstwerk und verlassen Sie Vietnam."

Nga streckte die Hand aus und machte einen Schritt auf Gaston zu. Der wich zurück, aber der Kreis aus Kindern und Wasserbüffeln schloss sich immer enger um ihn. Er prustete und stammelte, doch ihm fehlten die Worte. Schlussendlich rief er: „Pah! So einen unzivilisierten Firlefanz habe ich in meinem ganzen Leben noch nicht erlebt. Ich fliege zurück nach Paris und werde weiter Schätze aus aller Welt nach Frankreich bringen. Dann wird Vietnam eben immer ein weißer Fleck in meinem Museum bleiben!"

Mit hoch erhobener Nase drehte er sich um, machte einen Schritt zum Ufer und rutschte im hohen Bogen auf dem Schlamm aus. Er klatschte der Länge nach in den Matsch und hinterließ einen tiefen Abdruck. Unter dem schallenden Gelächter der Kinder und der Dorfbewohner wurde der Museumsdirektor von seinen beiden Helfern abtransportiert.

Jubelnd und klatschend ließen die Freunde Gaston davonfahren und feierten ihren Sieg.

Thao Anh setzte die Schildkrötenstatue auf den Altar des kleinen Tempels am Ufer des Mekong. Leichte Wellen kräuselten das Wasser. Die Freunde durchströmte eine tiefe Ruhe.

Sie setzten sich ans Ufer und sahen der untergehenden Sonne hinterher.

„Wer hätte das gedacht?", seufzte Nga zufrieden. „Es gibt nicht nur vier heilige Tiere in Vietnam."

„Was meinst du?", fragte Thao Anh erstaunt. „Natürlich sind es vier Tiere. Die Schildkröte, das Qilin, der Drache und der Phönix."

„Und was ist mit dem Wasserbüffel?", fragte Nga lächelnd. „Seit heute finde ich, dass auch er einen eigenen Tempel bekommen sollte. Er steht ja für Freundschaft und Familie. Und das sind doch mindestens so wichtige Dinge wie Weisheit, Kraft, Glück und Frieden, oder was meint ihr?"

„Also, von mir wirst du da keinen Widerspruch hören", sagte B-OB und lächelte.

„Auch wenn du die Eigenschaften der vier heiligen Tiere auf dieser Reise doch perfekt genutzt hast, um deine Sorgen zu überwinden."

„Ja, schon", stimmte Nga zu. „Aber ohne die Hilfe meiner neuen Freunde, also ohne euch und die Schulkinder und ihre Familien, hätte ich es trotzdem nicht geschafft, Gaston einzuholen. Für mich ist der Wasserbüffel auf jeden Fall ein ganz besonderes Tier, auch wenn er nicht heilig ist. Noch nicht."

Thao Anh lachte. „Also, wenn das mal nicht eine Beobachtung ist, die der Weisheit der Schildkröte würdig ist."

Line drehte ihren kleinen Ventilator auf volle Kraft und hielt ihn sich vors Gesicht: „Auch wenn es nicht wirklich ein Tier ist, dürfte ich vielleicht noch einen Schneemann vorschlagen? B-OB hatte auf jeden Fall recht. Das hier fühlt sich wie eines der heißesten Länder der Welt an."

Lachend lehnten sich die Freunde zurück und genossen den schönen Moment an diesem schönen Ort.

DAS ENDE

Coddiwompeln in Vietnam

Kleiner Vietnamesischkurs:

Xin chào *[Sinn Tschaou]* = Hallo
Tạm biệt *[daam bieht]* = Auf Wiedersehen
Cám ơn *[Kamm ön]* = Danke
Vâng *[vuhng]* = Ja **Không** *[kaoum]* = Nein

Gespenster auf der Pferdeweide?!

Vietnamesisch ist gar nicht so einfach auszusprechen. In der Sprache gibt es Buchstaben, die aussehen wie die, die wir auch im Deutschen haben.

Xin chào!

Aber in Vietnam gibt es kleine Zeichen, über oder unter den Buchstaben. Sie verändern die Bedeutung und die Aussprache des Wortes.

Hier kommen ein paar Beispiele mit dem Buchstaben „A":

ma mit „a" wie in „mal", bedeutet *Gespenst*.

má mit „a", wie bei einer Frage („Was?"), bedeutet *binden*.

mà mit einem fallenden Ton, wie ein enttäuschtes „na ja...", bedeutet *aber*.

mã mit „a", wie in „mal", aber mit einer kurzen, tonalen Schwankung, bedeutet *Pferd*.

mạ mit einem fallenden „a", wie ein erschöpftes „na", bedeutet *Reissetzling*.

mả mit einem sinkenden und steigenden „a", wie ein gefragtes „Ja?", bedeutet *Grab*.

Ein falsch ausgesprochenes „A" entscheidet also darüber, ob du von Gespenstern oder Pferden auf der Weide erzählst.

Das ist für unsere drei Weltenbummler typisch vietnamesisch. Hast du noch Ideen?

Liebe Eltern,

Hoffentlich hat euch die "Lesereise" durch Vietnam genauso viel Spaß gemacht wie euren Kindern!

Auch wenn die Abenteuer von BOB, Line und Benni frei erfunden sind, haben uns die Orte, Menschen und Erlebnisse auf unserer 9-wöchigen Reise durch Vietnam inspiriert. So sind wir wirklich mit Kapitän Kai in der Ha Long Bucht mit dem Kajak in einer Höhle fast gekentert, haben mit klopfendem Herzen die Straßen von Hanoi überquert und unsere Kinder sind auf dem Rücken eines Wasserbüffels durch die Reisfelder geritten. In Sa Pa haben wir die mutige Dzung kennengelernt und erlebt, wie sich bei Regen, Straßen plötzlich in reißende Flüsse verwandeln. Und die Idee für die Geschichte entstand in der Train Street, als der Zug nur wenige Zentimeter an uns vorbei donnerte. Dies sind nur einige der Abenteuer, die uns auf unserer Reise begegnet sind.

Leider müssen wir uns bei den Büchern immer bremsen, damit die Geschichten nicht zu lang werden. Aber wir hoffen, euch einen kleinen Eindruck von Vietnam vermittelt zu haben. Denn unser Ziel ist es, nicht nur unseren eigenen Kindern, sondern allen Kindern die Vielfalt und Schönheit der Welt zu zeigen und ihre Neugier auf andere Kulturen zu wecken.

Vielen Dank, dass ihr mit uns auf Entdeckungsreise gegangen seid – viel Spaß weiterhin beim Coddiwompeln!

Stephi & Ben

Autoren, Weltenbummler und Gründer des Weltenbummler Kids Verlages

Was uns bei der Entwicklung unserer Geschichten wichtig ist:

Abenteuerlust

Unsere Bücher sind unterhaltsame Abenteuer voller Spaß und Spannung. Unsere Bücher sind KEINE pädagogischen Lernbücher und KEINE Reiseführer für Kinder. Egal ob der Leser einen Bezug zu dem Land hat oder nicht, die Abenteuer sind für jeden geschrieben.

Weltoffenheit

B-OB Coddiwomple und die Weltenbummler Kids bringen die Welt in alle Kinderzimmer. Durch kleine Details im Text und die Illustrationen erfahren Kinder und ihre Eltern, ganz nebenbei, viele spannende Dinge über die verschiedenen Länder. Auf diese Weise entdecken sie gemeinsam die Welt.

Optimismus

Unsere Bücher machen Spaß und bringen ihre Leser zum Schmunzeln. Egal wie aussichtslos die Situation erscheint, die drei Weltenbummler sehen das Positive und wissen, dass sie immer eine Lösung finden. Denn am Ende ist alles gut, sonst ist es nicht das Ende.

Eltern-Kind-Zeit

Unsere Bücher sind Vorlesebücher mit vielen Bildern, denn sie sollen Eltern und Kinder zusammen in bekannte und fremde Welten eintauchen lassen. Dabei ist uns wichtig, dass sowohl Groß als auch Klein unsere Bücher lieben. Auch wenn sie in erster Linie für Kinder im Alter von 5-10 Jahren gedacht sind, sind sie somit im Grunde von 0-99 Jahren geeignet.

Wer wir sind:

Wir sind Stephi und Ben, die Gründer vom Weltenbummler Kids & Company Verlag. Unsere große Leidenschaft ist das Reisen mit unseren drei Kindern - am liebsten in unserem B-OB, den es nämlich tatsächlich gibt.

Als klar wurde, dass wir wieder eine längere Reise machen und Berlin und unsere Jobs verlassen würden, dachten wir: ‚Jetzt oder nie!' Wir nutzten die Weltreise, um die Idee reifen zu lassen, und gründeten - zurück in Deutschland - kurzerhand einen Verlag. Ben schreibt die Bücher und Stephi entwickelt passend dazu Reisezubehör für kleine und große Weltenbummler.

Wie alles begann:

Die Idee für die Buchreihe *„B-OB Coddiwomple und die Weltenbummler Kids"* entstand 2015, als der beste Freund unserer Tochter Maya von Berlin nach Abu Dhabi zog, als sie 3 Jahre alt war. Sie hatte keinerlei Vorstellung davon, wo ihr Freund nun lebte.

Wir suchten nach passenden Kinderbüchern über fremde Länder, fanden aber keine. Am Ende saßen wir vor der Google Bildersuche und dachten, dass dies doch auch kindgerechter gehen müsste. Die Idee für eine Buchreihe mit einem Buch pro Land war geboren.

Natürlich haben wir unsere Freunde in Abu Dhabi besucht, und, wie der Zufall es will, sind sie, genau als wir den Verlag 2020 gegründet haben, wieder ganz in unsere Nähe gezogen – dabei wohnen wir mittlerweile nicht mehr in Berlin, sondern im schönen Münsterland. Zufälle gibt es ...

Ben Wallenborn - Autor

Eine neun-wöchige Reise durch Vietnam mit seiner Familie lieferte Ben viele Inspirationen: Die Hitze, das Chaos, die lieben Menschen, das tolle Essen, die schönen Orte, ... wurden schon die lieben Menschen erwähnt? Eine bunte Welt, wie gemacht für ein Kinderbuch.

Filip Lazurowicz - Illustrator

Filip wohnt mit seiner lieben Frau Maja bei Kattowitz in Polen. Er hat seine Leidenschaft für das Malen schon früh entdeckt und liebt es, für Kinder zu illustrieren. Außerdem verbringt er gerne Zeit in der Natur und malt wunderschöne Landschaftsbilder.

Danke!

... Stephi, dass wir immer wieder neue Länder zu unserer Bucketlist hinzufügen müssen, weil wir sie so gut abarbeiten.

... Maya, für die tolle Idee mit dem Zug und Ella & Finn für eure Meinungen, Tipps und das geduldige Zuhören.

... an Mama, Ulla & Werner. Es ist schön, euch an unserer Seite zu haben.

... Filip. Schön, dass du wieder dabei bist.

... Quang, for meeting with us and providing us with such fantastic advice.

... Dzung, for an amazing dinner with your family and a gorgeous stay in Sa Pa.

... Kai, for all the inspiration and a great trip in Ha Long Bay.

... Frau Neudeck, für die freundlichen Worte und das Vertrauen.

... Ulla, Nina, Ingar, Lisa, und Gerd für die gründlichen Adleraugen und geduldigen Korrekturen.

... Caro, Cici, Jörg, Toni und Suse für die Tipps, Diskussionen und das wertschätzende Feedback.

... Romy, für das, wieder sehr hilfreiche, Lektorat. Ich lerne wirklich viel von dir.

... Nini, für deine Zeit, Meinung und die Einblicke in die vietnamesische Kultur aus deiner Sicht.

... unseren Instagram-Followern für die lieben Nachrichten und zahlreichen Vorbestellungen.

Hoi An
Saigon
Mekong Delta
Nie
Ohne
Seife
Waschen